Christoph D. Brumme
Auf einem blauen Elefanten

# Christoph D. Brumme

# Auf einem blauen Elefanten

8353 Kilometer von Berlin
an die Wolga und zurück

Dittrich Verlag

Die einzelnen Stationen der Fahrradreise sind auf der Landkarte im vorderen Umschlag des Buches mit Nummern gekennzeichnet.
Diese Nummern stehen im Text vor den einzelnen Tourabschnitten, so dass die Reise des Autors auf der Übersichtskarte stets nachvollzogen werden kann.

Bibliografische Information der
Deutschen Bibliothek
Die Deutsche Bibliothek verzeichnet diese
Publikation in der Deutschen Nationalbibliografie;
detaillierte bibliografische Daten sind im
Internet über >http://dnb.ddb.de< abrufbar.

ISBN 978-3-937717-32-6
© Dittrich Verlag GmbH, Berlin 2009
Lektorat: Cordula Scheil
Umschlaggestaltung: Guido Klütsch
Umschlagfoto: Andreas F., »Schattenjagd«,
Foto-ID: 134171
© Fotos der Buswartehäuschen und Fotos im Text
bei Christoph D. Brumme

www.dittrich-verlag.de

Für das Kollektiv des
Deutschen Lesesaals in Saratov,
für Valentina, Olga und Nadja

Der Autor dankt C. H. für ein Geschenk,
das diese Reise erst ermöglichte.

Außerdem ein herzlicher Dank an
Kalle Grünberg
für viele nützliche Hinweise.

»Wie kann man sich auf die Welt freuen,
außer wenn man zu ihr flüchtet?«

*Franz Kafka*

TOUR DE WOLGA

23. MAI 2007 – 2. SEPTEMBER 2007,
BERLIN – SARATOV – BERLIN, 8353 KM

BERLIN – ZIELONA GÓRA (POLEN) – LVIV –
POLTAVA (UKRAINE) – ROSTOV-NA-DONU –
SARATOV (RUSSLAND), 5585 KM

SARATOV – VORONESCH (RUSSLAND) – SUMY –
KIEV (UKRAINE) – RADOM (POLEN) –
BERLIN, 2768 KM

## Dienstag, 22. Mai 2007, Berlin

Endlich alle Vorbereitungen abgeschlossen. Die Reise von Berlin an die Wolga kann beginnen. Ich habe weniger Gepäck auf dem Fahrrad als befürchtet. Zwei Taschen am Hinterrad mit Wäsche, Büchern, Werkzeug und Ersatzteilen, außerdem Zelt, Schlafsack und Isoliermatte. Die Kleidung ist in durchsichtigen Tüten verstaut, für kühle Nächte auch lange Unterwäsche und eine Wollmütze.

In der Lenkertasche sind die Dinge für die höchste Not, der Reisepass, Landkarten, außerdem die Notizbücher. In der Seite steckt griffbereit ein Messer. Kein Kompass. Wozu, weiße Flecke auf der Landkarte hat auch Russland nicht zu bieten.

Das Diktiergerät werde ich mir um den Hals hängen. Es ist kleiner als eine Zigarettenschachtel und soll eine Aufnahmezeit von achtzehn Stunden haben, das würde bis zum Ende der Reise sicher reichen. Im Brustbeutel ist es vor Schweiß geschützt, ich kann es beim Fahren mit einer Hand herausziehen.

Das Messer habe ich vor ein paar Tagen im Camping-Spezial-Geschäft gekauft: Mehrere teure Messer werden angeboten, alle haben stumpfe Klingen. Der Verkäufer meint, nur die Musterexemplare seien stumpf. Ich bitte ihn, mir ein scharfes Messer zu zeigen. Er legt etwa zwanzig Messer auf die Tischplatte, zerreißt die Verpackungen, prüft die Klingen, findet keine einzige scharfe. Er meint, Messer solle man nach dem Kauf immer zum Schleifen bringen. Ich lache. Es habe sich nie jemand darüber gewundert, dass sie stumpf seien, antwortet er.

Eine Zeitungsnotiz geht mir nicht aus dem Kopf: In einem Dorf bei Moskau ist ein Priester mit seiner Frau und seinen zwei Kindern von den Dorfbewohnern verbrannt worden. Der Priester hatte seine Kirche gegen die Gläubigen mit dem Gewehr verteidigt, denn diese waren, mit Ausnahme dreier Seelen, der Trunksucht verfallen. Im Delirium tremens fantasierten sie, der Priester hüte ungeheuere Schätze hinter dem Altar. Nachts zündeten sie das Haus des Priesters an, nachdem sie Türen und Fenster vernagelt hatten. Es ist das Dorf, in dem Bakunin geboren wurde, der Theoretiker des kollektiven Anarchismus.

Reise in die schwarze Mitte Europas, so habe ich das Unternehmen vorerst getauft. Die geographische Mitte Europas liegt schließlich in der südwestlichen Ukraine, nicht irgendwo in Deutschland, wie viele Deutsche vermuten.

Es ist meine erste längere Reise mit dem Fahrrad. Nur das Ziel steht fest, Saratov. Für die Ukraine habe ich zwei bis drei Monate Zeit. Für Russland leider nur einen Monat, da ein längeres Visum schwer zu bekommen ist.

Natürlich braucht solch eine Reise auch eine Losung. Vielleicht diese? »Wie kann man sich über die Welt freuen, außer wenn man zu ihr flüchtet?« (Franz Kafka).

## 1 – Mittwoch, 23. Mai 2007
## Berlin – Leissnitz, 89 km

Ein letzter Blick auf die gepflegte Unordnung in meinem Arbeitszimmer. Gemäß russischer Tradition setze ich mich noch einen Moment, bevor ich das Fahrrad die Treppe runtertrage. Die Seele soll nicht zurückbleiben.

Zehn Uhr Abschied von Freunden, in Sichtweite des Fernsehturms. Letzte Fotos. Nicht geraucht! Ich will mir das Rauchen endlich abgewöhnen.

Ein Anruf aus Saratov von meinen ehemaligen Studentinnen, die mir eine glückliche Reise wünschen. Sie verstehen nicht, dass mich gerade die angebliche Gefahr reizt. Die Zwillinge Natascha und Julia sind besonders besorgt. Es sei verrückt und leichtsinnig, was ich tue, und viel zu gefährlich. Meinetwegen, sollen die Wölfe mich besuchen und mir die Zehen lecken.

Über die Greifswalder Allee am Märchenbrunnen vorbei. Im Februar 1986 hatte ich hier ein Rendezvous am wohl kältesten Abend des Jahres. An einige der damals gesprochenen Worte kann ich mich noch erinnern.

Heute ist es angenehm sonnig. Das Fahrrad fährt sich anfangs etwas wacklig. Ich habe kein neues gekauft, um die Gefahr des Diebstahls zu mindern. Meines zeigt seine Vorzüge nicht jedem. Es ist ein normales Fahrrad, ich bin mit ihm vertraut. Die Räder sind aus gutem Metall, auch die Pedalen und der Ständer. Der Mantel ist ein so genannter Polizeireifen. Falls ich mit Flaschen beworfen werde, könne ich getrost über die Glasscherben fahren, meinte der Fahrradhändler.

An der Spree entlang Richtung Süden, am Treptower Park vorbei. Nach zwei Stunden die erste Kaffeepause, schon am Stadtrand, noch in Hörweite der letzten Straßenbahn. Der Rücken ist noch steif. Trainiert habe ich vorher nicht, es wäre mir albern vorgekommen.

Für einen Moment habe ich das dringende Bedürfnis, meine Stirn auf den Boden zu schlagen, um mich zu vergewissern, dass die Reise begonnen hat.

Das Neue gegenüber gestern: Die Zeit gehört mir. Ich zeige mich ungeschützt.

Es wird möglicherweise etwas komisch aussehen, wenn ich im Kostüm eines Tour-de-France-Teilnehmers, dem die Jahre der Büroarbeit anzusehen sind, durch ukrainische und russische Dörfer radele. Doch ich liebe Kontraste und grelle Farben, »die laue Luft des Wohlbefindens« schläfert nur ein. Auf meinem MP3-Player sind etwa zwanzig Rammstein- und The-Doors-Songs, außerdem einige russische Romanzen und ukrainische Popmusik. Sehr gerecht, diese Mischung, wie mir scheint.

Die Auswahl der Bücher war schwierig, zumal das Gewicht ein wichtiger Faktor ist. Ich entschied mich für Dostojevskij, »Großinquisitor«; Kleist, Prosastücke; Nietzsche, »Zur Genealogie der Moral«; S. Beckett, Erzählungen; sowie ein Lexikon »Grundbegriffe der antiken Philosophie«. Fotokopierte Blätter, damit ich während des Fahrens lesen kann: Gedichte von Brecht und Hölderlin, Aphorismen von Kafka.

Anregend ist die Lektüre des philosophischen Lexikons, bemerke ich bereits beim Durchblättern. »Das Wort ›Individuum‹ ist die lateinische Übersetzung des griechischen Adjektivs ›unteilbar‹, das offenbar erstmals von Aristoteles als Begriff eines konkreten Einzelwesens verwendet wurde.«

Es müssen glückliche Zeiten gewesen sein, in denen Aristoteles gelebt hat. Kafka antwortete auf die Frage, was er mit dem Judentum gemeinsam habe: Ich habe nicht einmal mit mir etwas gemeinsam.

Als Berlin hinter mir liegt, lässt ein Schmerz im Rücken nach. Frei durchatmen! Keine Termine mehr! (Obwohl ich auch sonst kaum welche habe.) Ich kann Worte wie »Internet, Zeitmanagment, Integrationsmaßnahme, Verteilungsgerechtigkeit, Sicherheitslage, Lohnzurückhaltung« usw. nicht mehr hören. Für eine Weile wenigstens möchte ich der Industrialisierung des Bewusstseins entgehen. Am Schreibtisch lebe ich wahrscheinlich gefährlicher als auf dem Fahrrad.

Seit einigen Jahren zieht es mich dorthin, wo mehr Nutz- als Zierpflanzen in den Gärten stehen. Die Leute mit den Nutzpflanzen sind die besseren Erzähler. Bei ihnen bedarf eine Einladung an Gäste keiner Vorbereitung. Selten nur kommt ein Fremder vorbei, selten fragt jemand nach ihren Meinungen. Die Zierpflanzen-Besitzer verfügen über Bankkonten, sie haben Kaufverträge abgeschlossen, bei ihnen kann man viel kaputt oder schmutzig machen. Das wirkt sich auf die Bereitschaft zum Erzählen aus.

Was will ich mit dieser Reise erreichen, was erwarte, erhoffe, befürchte ich, was suche ich wirklich? Warum nach Saratov? Weil diese Stadt mich süchtig macht. Oder weil es keine Alternative zu ihr gibt. Als ich 2002 zum ersten Mal hinfuhr, hatte ich das Gefühl, all die Romane, die ich über Russland gelesen hatte, würden nachträglich illustriert werden.

Warum nicht in eine der anderen großen Städte an der Wolga?

Volgograd ist mir zu unpersönlich. Oder doch zu schrecklich. Wie soll ich auf den Knochengräbern schlafen. Der Mann und der Bruder meiner Großmutter – »Gefallen bei Stalingrad«. Warum mit den Gespenstern der toten Vorfahren reden, wenn die Geschichten der lebenden Verwandten für keine Seifenopern taugen?

Kazan ist sicher eine spannende Stadt. Hauptstadt der Tatarischen Republik, Lenin studierte dort. Der Boulevard ist für meinen Geschmack zu laut und zu eng, nicht mit dem märchenhaft schönen von Saratov vergleichbar.

Samara ist sehr weitflächig, hat kein inneres Zentrum, wirkt protzig und trostlos in einem. Die Mieten sind hoch, Wohnungen knapp. Stalins Bunker ist heute Museum, von dort aus hätte er im Falle der Eroberung Moskaus durch die Deutschen regiert.

Uljanowsk, Lenins Geburtsstadt? Heißes Pflaster. Die Mordrate dürfte hoch sein. Vor Fahrten mit den Schwarztaxis wird gewarnt. Über das Plateau, mit dem eigentlich bezaubernden Blick auf die Wolga, zieht der Wind so heftig, dass man sich dort meistens gar nicht aufhalten kann, sonst wird man weggeweht. Aber in den Straßen hinter der Medizinischen Universität gibt es freundliche Plätze. Die passende Stadt für einen Kriminalroman.

Saratov ist gewöhnliches Russland und deshalb so schön.

Ich verstehe die Russen immer besser, welche sagen: Wir leben im freieren Land, wir können überall ein Feuer machen und Schaschlik braten. Die Natur gehört uns, das ist Haltung. In Berlin-Wandlitz hat ein »pfiffiger Typ« den See gekauft, nun müssen die Anwohner dafür zahlen, dass sie ins Wasser springen dürfen.

Kaffeepause. Schwer zu begreifen, wie viel freie Zeit ich habe.

K. hat mich gewarnt: Nicht zu schnell beginnen! Nach vier bis fünf Tagen komme der erste Muskelkater, meinte er.

Ich zimperlicher Mensch höre natürlich auf solch eine Autorität. K. hat Erfahrungen mit langen Fahrradtouren. Er fuhr als 59-Jähriger zum Nordkap, über Polen, das Baltikum, Finnland, Schweden. Er schläft grundsätzlich im Zelt, niemals in Hotels oder Pensionen, und eine Schlafmatte benutzt er nur bei Regen, als Schutz vor der aufsteigenden Nässe.

Einmal, so erzählte er, sei er von einem Rehbock angegriffen worden. Nicht von Wildschweinen, Bären oder Wölfen. Der Bock näherte sich ihm, stieß stumpfe, an Husten erinnernde Laute aus. K. vertrieb ihn mit einem Knüppel und mit Geschrei.

Ich habe es gern bequem. Meine Luftmatratze bläst sich fast von allein auf, ich muss nur mit einigen Atemzügen nachhelfen. Und an Regentagen möchte ich manchmal im Hotel schlafen.

Storkow, Glienicke, Beeskow. Am späten Nachmittag suche ich mir bei Leißnitz in einem Mischwald einen Platz für mein Zelt, nicht weit von einer Kuhherde.

Das Zelt scheint ein gelungener Kauf gewesen zu sein. Es wiegt nur zwei Kilogramm und bietet genug Platz für zwei Personen. Es ist leicht aufzustellen, mit wenigen Handgriffen. Die Seitenwände und die Decke sind mit Moskitonetz bespannt. Ich kann im Liegen und im Sitzen jederzeit nach draußen blicken, bin aber selbst nur aus der Nähe zu sehen, ein großer Vorteil dieser Konstruktion. Ich will schon ein Loblied auf den Architekten meiner Behausung anstimmen, der auf die geniale Idee gekommen ist, Zelt und Moskitonetz zu verbinden, da las ich – Made in China. Mein medientrainiertes Gehirn meldete sofort: eine Fälschung.

Nur die orange Signalfarbe des Zeltes ist für meine Zwecke nicht günstig. Der Preis war jedoch wieder ein Argument für den Kauf – angemessene einhundertsechzig Euro.

Wochenlang hatte ich überlegt, ob ich überhaupt ein Zelt mitnehme oder ob Regenplane und Moskitonetz genügen.

2 – DONNERSTAG, 24. MAI 2007
LEISSNITZ (DEUTSCHLAND) –
BOBROWICE (POLEN) 110 KM (199)

Die Sonne scheint, an die Autos gewöhne ich mich. Ich hatte vergessen, wie freundlich die Landschaft in der Niederlausitz ist. Einzelne Bäume laden zu Umarmungen ein, bei weitem nicht alle. Manche haben längst ein garstiges Wesen angenommen, weil sie den

Benzingestank in der Luft als Beleidigung empfinden.

Friedland, Lieberose, Pinnow. In den Dörfern sind fast nie Leute zu sehen, obwohl alle Häuser bewohnt zu sein scheinen. Hin und wieder bellt ein Hund.

Richtig begriffen habe ich es wohl immer noch nicht, dass ich nichts anderes tun muss als in die Pedalen zu treten und das Rad rollen zu lassen. Mein Rücken bedankt sich jetzt schon.

Auf einmal wird mir klar, welches Verhängnis ich vor dreißig Jahren auf mich nahm, als ich auf einem Schulfest ein Gedicht über einen Hochstapler vortrug. Tausend Tonnen kann ich tragen / Und dabei noch Salto schlagen / Ich habe jedes Buch gelesen / Ich bin schon auf dem Mond gewesen. Mindestens diesen Größenwahn sollte ich jetzt abwerfen.

In Guben scheinen die Bewohner Autos zu essen. Dreißig, vierzig Autohäuser, Werkstätten, dazwischen Baumärkte, wieder Autohäuser. Kein einziges Restaurant, kein Imbiss. Erst in der Innenstadt, am Marktplatz, findet sich eine Fleischerei. Ich kann draußen auf der Terrasse sitzen und esse zum Abschied richtig deutsch, Bratwurst, Kartoffeln und Sauerkraut.

Ankunft in Polen, zügige Grenzkontrolle. Ich hebe in Gubin gleich Geld ab, an der Bushaltestelle ist ein Automat. Etwa zwanzig Kilometer fahre ich auf der Landstraße Richtung Zielona Góra, meist durch Kiefernwälder. Der Abstand zu den Autos beträgt manchmal nur eine Armlänge, das ist so gar nicht gemütlich.

Dann biege ich bei Bobrowice in die nächste kleinere Straße ab, genug gestrampelt, sieben Stunden, das reicht.

Dem Eichelhäher gefällt mein Zeltplatz im Wald nicht, er schimpft. Weiches Gras unter Kiefern, geschützt von einem Erlenwäldchen. Ich möchte in keinem 5-Sterne-Hotel auf der Massagebank liegen. In der Nähe ist ein Bach, ich kann mich waschen.

Obwohl ich weiß, dass die Chance, nachts im Wald jemandem zu begegnen, wahrscheinlich geringer ist als auf einen Lottogewinn, löst manches Knacken der Äste doch die Frage aus: Na, kommt jemand? Menschliche Schritte klängen anders, doch dem Gehirn fehlt der Vergleich.


### 3 – FREITAG, 25. MAI 2007
### BOBROWICE – GRĘBOCICE, 159 KM (358)


In einem Dorf mit dem Namen Wysoka (Weißig) bin ich falsch abgebogen, so dass ich nach Norden statt nach Süden fuhr. Aber die Sonne stand noch tief und die Straße lag im Schatten, außerdem träumte ich – die Fichtenwälder erinnerten an den Harz, ich roch meine Kindheit.

So ergab sich ein Umweg von vierzig Kilometern. In Zielona Góra (Grüner Berg) fand ich den Stadtausgang im Osten nicht. Stattdessen kam ich in eine Siedlung von Neureichen, in der die Straße als Sackgasse endete. Ich fuhr geradeaus weiter, in einen Birkenwald hinein, denn die nächste Straße musste ja irgendwann kommen. Doch der Weg führte an einen Abhang, verwandelte sich dort in ein Bachbett, und ich stand zwischen Disteln und Brennnesseln und sah noch immer keine Straße. Mit zerkratzten Beinen erreichte ich die Autobahn. Der Seitenstreifen war zu schmal, es war nicht ratsam, dort zu fahren. Weiter durch einen Kiefernwald, um einen Übergang zu finden. Eine ziemliche Plackerei mit dem schweren Gepäck auf dem Fahrrad.

Der dritte Tag, aber eines merke ich schon: Mein Denken ändert sich. Es wird langsamer. Geschichten, Dialoge, Vorträge entstehen von ganz allein.

K. erzählte in Berlin, er sehe auf seinen Touren in den Zeiten der Abwesenheit vor allem stumme Filmszenen, die sich wie von selbst verlängern. Er ist Fotograf. Der weiße Streifen auf der Straße, über den der Vorderreifen surrt, führt ihn geradewegs ins Kino. Die Fähigkeit zum Staunen setzt allerdings ein bestimmtes Maß an innerer Freiheit voraus.

Am Abend suche ich eine Pension, finde aber keine. Auch in Głogów nicht, einer Kleinstadt, in der Gryphius geboren wurde und starb. Gewitter droht, deshalb würde ich ganz gern in einem Bett schlafen.

Doch die Straßen bleiben trocken, nur jetzt im Wald regnet es leicht. Zehn Stunden gefahren. Das Zelt baue ich nahe Grębocice im Licht der Stirnlampe auf. Ich wasche bzw. dusche mich, eineinhalb Liter reichen dafür. Das Prinzip ist ganz einfach: Wasserflasche über den Kopf halten und dem lieben Gott für diese Erquickung danken. Lange Unterwäsche anziehen, es ist kühl. Das Handy anstellen, vielleicht hat jemand geschrieben. Die wichtigsten Ereignisse des Tages noch einmal zusammenfassen und diktieren.

## 4 – Sonnabend, 26. Mai 2007
## Grębocice – Żmigród, 63 km (421)

Hügelige Landschaft. Einige recht steile Abfahrten. Bei 45 km/h bremse ich. Am späten Mittag beginnt es zu nieseln.

Mit der Fähre über die Odra, die hier etwa hundert Meter breit ist. Erst spät fällt mir ein – Odra gleich Oder.

Die Fähre ist schon einige Jährchen in Gebrauch, die Überfahrt kostet nichts. An einem Drahtseil wird das quietschende Gefährt über den Fluss gezogen. Ein paar Fußgänger, auch Hochzeitsgäste im PKW warten.

Wińsko. Erschöpft von gestern, ich will Kräfte schonen. Ich schlafe im Hotel, das Zimmer kostet fünfzehn Euro. Żmigród heißt das Städtchen. Ich darf mein Fahrrad vor der Rezeption abstellen, auf dem Linoleum stört es niemanden. Zelt und Kleidung trocknen. Die Beine brennen von innen. Natürlich habe ich Muskelkater. Jeder Schritt ist der Beweis dafür, dass das Gehen eine ganz unnatürliche Fortbewegungsart ist.

Ich esse eine Pizza in einem der wenigen Straßenrestaurants, lese Kleist und komme mir ungefähr so dekadent vor wie in meiner Fahrradkleidung. Kleist in einer polnischen Eisdiele – Staccato-Sätze gegen den Gleichklang in einem Kopf.

»Dieser Kerl, sprach der Wirt, sprengte, ganz von Staub bedeckt, vor meinen Gasthof und rief: ›Herr Wirt!‹ und da ich fragte: was gibt's? ›ein Glas Branntwein!‹ antwortet er, indem er sein Schwert in die Scheide wirft: ›mich dürstet.‹«

So muss man eine Bestellung aufgeben. Mich dürstet auch, ich trinke zwei Liter Kirschsaft zur Pizza. »Denn Ziererei erscheint, wie Sie wissen, wenn sich die Seele in irgendeinem andern Punkte befindet, als in dem Schwerpunkt der Bewegung.«

5 – SONNTAG, 27. MAI 2007
ŻMIGRÓD – KERNO, 103 KM (524)

Frühstück auf dem Zimmer, mit einem hoteleigenen Wasserkocher kann ich mir Tee brühen. Leichte Bindehautentzündung im linken Auge. Es ist noch kühl, als ich gegen acht Uhr losfahre, und die Sonne scheint.

Vormittags in Milicz, nachmittags in Syców. Nördlich von Wrocław. Mit sechzehn, nach Beendigung der 10. Klasse, trampte ich mit einem Schulfreund in diese Stadt. Wir zelteten ebenfalls im Wald und hatten ziemliche Angst, als nachts die Rehe schrien – wie schreiende Babys, denen die Kehlen zugedrückt werden. Wir spielten Fußball mit polnischen Jungs und waren neidisch auf sie, weil sie Pornohefte besaßen, und zwar schwedische, und die galten als die schärfsten der Welt.

Sehr schwül, scharfer Ostwind. Eine einzige Pizzeria auf der ganzen Strecke, kein Restaurant, auch in kleineren Städten nicht. Abends Skinhead-Gestalten auf der Straße, einmal eine Prügelei an der Bushaltestelle. Prügelei? Ein Jährzorniger schlägt einen Eingeschüchterten, zehn Jugendliche stehen dabei und gucken zu.
Für mich hat die Natur unweit von Kerno eine Wiese bereitgestellt, zwischen Birken und wilden Erdbeeren.

## 6 – MONTAG – DIENSTAG, 28. MAI –29. MAI 2007
### KERNO – RUDA – WŁOSCZCOWA, 232 KM (756)

Ich habe nichts diktiert. Nur dummes, stupides Wort-gestöhne im Kopf gehabt. Landschaften kann ich nicht beschreiben, vielleicht bin ich zu primitiv dafür, mir fehlen die hohen, edlen Empfindungen. In Zeiten der Reaktion werden Landschaften schön – wenn die politische Forderung lautet: Maul halten! Ich liebe die Natur – als Ort ohne Menschen, nicht um ihrer selbst willen.

Habe ich Flüsse überquert? Sind Frösche vom Himmel gefallen? Auf einem Marktplatz wurde ich zu einer Tasse Kaffee eingeladen. Daran erinnere ich mich noch.


## MITTWOCH, 30. MAI 2007
### RUHETAG IN WŁOSCZCOWA

Kleines Hotel. »Restauracja RYCERSKA«. Was auch immer das heißt. Das Fahrrad soll ich am Eingang unterm Kleiderständer abstellen. Koch und Kellner eilen herbei, um zu versichern, dass sie aufpassen werden. Auch meine Wäsche wird gewaschen.

Meine Hände wollen sich erholen. Ich kann sie kaum strecken, kann kaum das Besteck halten. Jede Bewegung schmerzt.

Noch immer bin ich mir unschlüssig, ob ich einen Fahrradhelm brauche. Man sieht so unglaublich dämlich aus mit einem Helm auf dem Kopf.

Wann hatte ich meinen letzten Sturz mit dem Fahrrad? Als Zwölfjähriger in einem Dorf namens Königshütte.


## 7 – Donnerstag, 31. Mai 2007
## Włoszczowa – Staszow, 127 km (883)

Es regnet seit dem frühen Morgen. Ich werde in Kielce noch einiges einkaufen, eine Regenhose, bestimmt auch einen Fahrradhelm. Ich werde ja sehen, ob ich in den ukrainischen Dörfern ausgelacht werde.

In manchen Dörfern wurden zwei Drittel der Häuser erst in den letzten Jahren errichtet, wie nicht nur der Augenschein vermuten lässt, sondern wie es mir auch ein polnischer Handelsvertreter für Türen und Fenster bestätigt. Entsprechend kitschig sehen die Trutzburgen aus, oft sind es schlechte Kopien aus der Fernsehwelt. Jeder Supermarkt gleicht ohnehin dem westlichen Vorbild. Auf den Feldern stehen Reklameschilder wie in Deutschland, vielleicht etwas weniger pornographische. Aber das Ziel, einen reduzierten Menschen zu schaffen, verfolgen sie auch. Zum Affen Rotpeter wollen mich die Schilder erziehen.

Der Käfig, in dem der Affe Rotpeter in Kafkas Erzählung »Ein Bericht für eine Akademie« in die Zivilisation gebracht wird, zwingt zu Verbiegungen, er ist »zu niedrig zum Aufrechtstehen und zu schmal zum Niedersitzen«. Im menschlichen Sinn ist das richtig, erklärt der geläuterte Affe den schweigenden Herren der Akademie. Denn »mit Freiheit betrügt man sich unter Menschen allzu oft, und so wie die Freiheit zu den erhabensten Gefühlen zählt, so auch die entsprechende Täuschung zu den erhabensten«.

Freiheit will der Affe nicht, nur einen Ausweg. Dieser Ausweg findet sich, nachdem Rotpeter in seinem Käfig eine Flasche Schnaps geleert hat und anschließend sein erstes Wort spricht – »Hallo!«. Mit diesem Ruf ist er aufgenommen in die menschliche Gemeinschaft. Und er erkennt bald »die zwei Möglichkeiten, die mir offenstanden: Zoologischer Garten oder Varieté«.

Einhundert Kilometer Dauerregen. Die Füße sind nass und kalt. Bei Nova Huta, auf einem Berg, ein verlassenes Geschäft. Zwei Sorten Käse, drei Sorten Wurst, Waschmittel, viel mehr gibt es nicht, auch keinen ordentlichen Obstsaft. Ich esse klebrigen Kuchen, stille den Appetit auf etwas Süßes.

Dann eine fast zwanzig Kilometer lange Abfahrt in ein Städtchen namens Staszów. Sogar die Sonne scheint in dem gestreckten Tal. Dort will ich noch einkaufen, dann einen Schlafplatz suchen.

Der Gemüsehändler am Markt bietet mir an, die gekauften Tomaten, Radieschen und Paprika bei ihm zu waschen, außerdem schenkt er mir eine Tafel Schokolade. Eine Spezialität aus der Region, erklärt er.

Er: Wo kommen Sie her? Wo werden Sie schlafen?

Er redet sehr schnell, bietet mir an, in einem Nebenraum zu essen. So kann ich bequem meinen Salat schneiden. Wir sprechen englisch. Er war einige Male in Italien, auch in Deutschland. Er brüht mir Tee. Ob ich Christ sei, will er wissen. Ich bejahe. Katholisch? Nein. Egal, meint er, wir glauben alle an einen Gott.

Er empfiehlt mir einen Campingplatz in der Nähe. Ich lasse mir den Weg erklären, ohne die Absicht, dorthin zu fahren. Er merkt es wohl. Ich könne auch in einem Büro übernachten, sagt er. In einem Büro?

Janosch heißt der gute Mann. Er zeigt mir die Räume einer Firma in der 1. Etage. Es ist offenbar eine Handelsfirma, diverse Urkunden an den Wänden deuten darauf hin. Bad und Küche sind ebenfalls vorhanden, ich könnte mich duschen, das erleichtert die Entscheidung. Janosch überlässt mir einfach den Schlüssel und kündigt an, er werde mich um neun Uhr morgens wecken, ab zehn Uhr werde das Büro genutzt. Mein Fahrrad kann ich in einem Schuppen abstellen.

Ich habe freie Aussicht auf den zentralen Platz. In der Mitte steht ein altes Handelshaus. Heute wird es offenbar für Konzerte genutzt, Plakate kleben an den Türen. Ein paar Jugendliche fahren auf Mopeds vorbei.

Ich breite meinen Schlafsack auf dem Teppich aus und freue mich über den gelungenen Tag.


## 8 – FREITAG, 01. JUNI 2007
### STASZÓW – PRZEMYŚL, 200 KM (1 083)


Janosch weckt mich mit einem Teller Rührei in der Hand. Ein Teller mit Käse- und Wurstbroten steht schon auf dem Tisch. Außerdem spendiert er mir Weintrauben, Tomaten und Bananen aus seinem Geschäft, ablehnen darf ich nicht.

Auf dem Platz wird der Tag des Kindes gefeiert. Aus diesem Grund erhalte ich also so viele Geschenke! Schulklassen sind angetreten, jemand, vielleicht der Bürgermeister, hält eine Rede.

Janosch umarmt mich zum Abschied. Auf meinen Dank hin meint er nur: Wir sind doch alle Christen!

Noch etwa zweihundertfünfzig Kilometer bis zur ukrainischen Grenze. Meine Fingerspitzen sind etwas klamm, meine Hände steif. Noch im Schlaf umklammere ich den Lenker. Die Kapuze schränkt die Sicht etwas ein. Der neue Helm aber wärmt. Es regnet bereits seit zwei Tagen. Regen spart Zeit, denn kein schöner Ausblick verführt zum Anhalten. Und nur das Fahren hält warm.

Auf den Autoverkehr muss ich kaum achten. Die meisten Leute fahren gesittet und unaufgeregt, die wenigsten überholen riskant.

Ein Jubiläum: eintausend Kilometer! Ich bin ein bisschen beeindruckt. Ich halte vor dem nächsten Dorfgeschäft, kaufe mir ein Eis und setze mich in die Sonne, die jetzt wieder durch die Wolken bricht.

Am Abend frage ich in Rzeczów in einem Hotel nach einem freien Zimmer. Es soll umgerechnet zehn Euro kosten. Ich habe nur umgerechnet neun bei mir. Einen Euro Preisnachlass will oder kann die Frau an der Rezeption nicht gewähren, auch dann nicht, als ich anbiete, im eigenen Schlafsack zu übernachten. Nein, nichts zu machen.

Also fahre ich weiter, im Dunkeln, trotzig. Endlich eine Herausforderung. Ich möchte ukrainische Erde riechen. Hügel hoch, Hügel runter, der Asphalt ist fahrradtauglich. Fabriken, Gewächshäuser, Dörfer, Tankstellen, aber keine unbewachten Wälder. Mein Geld investiere ich in einer Raststätte in kräftiges, ungesundes Essen: Steak mit Pommes frites.

Wasser nachfüllen, dann weiter. Die Wolken am Horizont scheinen zu brennen, bevor ein Gewitter ausbricht. Ich beschließe, so lange zu fahren, wie ich wach bleibe. Ich will es so, ich brauche keine Begründung. Ich kann barsch zu mir sein.

Ich kann mich leidenschaftlich hassen für meine Schwächen. Eine innere Stimme säuselt: Schlaf ein, wach nie wieder auf!

Meine Zehen sind längst taub. Rehe brechen durch das Unterholz, in den Dörfern bellen vereinzelt Hunde. Gewitter folgen mir mehrere Stunden lang, doch ich bleibe lange im Trocknen. Einmal reißt die Wolkendecke auf, der Vollmond erscheint über der Straße, zum Streicheln nah, während Blitze die Felder beleuchten. Ich schreie gegen die Nacht an – so schön, so unglaublich schön ist dieses Bild. Und niemand außer mir kann es sehen.

Auweia, es werden Landschaften kommen, in denen ich wirklich allein sein werde, nicht bloß mit ein paar Kilometern Abstand zu den nächsten Menschen wie hier.

Das vordere Licht ist viel zu schwach. Die Stirnlampe ist wichtiger. Etwa zehn Meter weit kann ich sehen.

Dann muss ich anhalten, die Blase erleichtern. Und wie so oft, auf dem Gang zur Toilette fallen mir die sortierenden Gedanken ein, die, welche mir helfen, meine Ansprüche zu ordnen.

Es braucht ungeheuren Mut, die eigene Schlichtheit zu erkennen!

Weshalb ist dieser Gedanke so wichtig?, spreche ich ins Diktiergerät. In Klammern: Blöde stalinsche Rhetorik, die Aussage als Frage zu wiederholen, in jesuitischer Pose.

Die eigene Schlichtheit: Ich brauchte einige Jahre, um die Fähigkeit zu erlangen, einfache, scheinbar unliterarische Sätze aufzuschreiben, ohne mich ihrer zu schämen. Etwa fünf Jahre lang schrieb ich jeden Morgen nicht mehr als zehn Sätze, feilte an ihnen, stellte sie um, horchte sie ab, versuchte Erwartungsverläufe zu gestalten, Brüche zu setzen, Tempi zu erhöhen und zu verlangsamen, von der Er- in die Ich-Form zu wechseln. Zunächst muss man doch über einen eigenen Stil verfügen, bevor man etwas sagen kann! Ein eigener Stil ist eigenes Werkzeug. Der Stil ist nicht die (literarische) Stimme. Der Unterschied wird klar, wenn ein Autor behauptet, er schreibe seine Bücher ohne eigenen Stil. Wollte man Shakespeare als literarische Stimme bezeichnen, wird klar, wie piepsig dieser Anspruch ist.

Kurz vor Mitternacht ein Schild: 90 Kilometer bis Lviv, der ersten ukrainischen Stadt hinter der polnisch-ukrainischen Grenze.

Erst ein Platzregen treibt mich ein Uhr nachts bei Przemyśl ins Gebüsch und, zugegeben, die Müdigkeit. Ich baue das Zelt im strömenden Regen auf. Auf dem Zeltboden bilden sich Pfützen. Aber es ist ja nur für ein paar Stunden.

Dann der abendliche Blick auf den Kilometerzähler: genau 200 Kilometer gefahren. Fahrzeit 11 Stunden, 11 Minuten. – 11.11., Dostojevskijs Geburtstag.

9 – SAMSTAG, 2. JUNI 2007
PRZEMYŚL (POLEN) – LVIV (UKRAINE)
60 KM (1 143)

Sechs Uhr morgens an der Grenze. Ich fahre an der Autoschlange vorbei, logisch. Es regnet ununterbrochen, selbst Noah hätte sich bei solcher Sintflut gescheut, seine Nase aus der Arche zu stecken.

Die polnische Kontrolleurin meint, die Ukrainer würden mich mit dem Fahrrad vielleicht nicht einreisen lassen. Ich antworte, ich würde in diesem Fall zurückkommen und es mit einem LKW erneut versuchen. Sie weist aber den Fahrer eines ukrainischen Kleintransporters an, mich mitzunehmen. Der ist nicht sehr begeistert über den Zeitverlust, aber was soll er machen. Die Frau wünscht mir eine glückliche Reise, fast mütterlich besorgt, sie spricht sogar Deutsch. Welch freundlicher Abschied aus der EU.

Der ukrainische Offizier hat zwar ein paar Fragen, darunter die ziemlich komische nach meinem Aufenthaltsort in seinem Land. (In den Wäldern, Genosse!) Aber als ich ihm die Adresse eines Bekannten in Poltava zeige, ist er zufrieden.

Ich fahre ein paar Kilometer mit dem Kleintransporter. Obratno tosche na velozipede?, fragt der Fahrer. Zurück auch mit dem Fahrrad?

Sehr, sehr oft werde ich diese Frage in den nächsten Wochen hören. Hier aber zum ersten Mal. Meine Antwort überrascht mich selbst.

Obratno tosche. Koneschno.

Gestern noch war ich mir unschlüssig. Jetzt nicht mehr. Selbstverständlich soll die Tour de Wolga in Berlin beginnen und enden.

Der Regen lässt nicht nach. Verdammt, was tun?

Ich möchte nicht disqualifiziert werden.

Nach etwa zehn Minuten nieselt es bloß noch, ich steige aus und bedanke mich bei dem Fahrer für das Mitnehmen.

Der holprige Asphalt ist ein Hinweis darauf, dass ich in der Ukraine bin. Die Schmerzen im Hintern erinnern mich an die gestrige Tour. Zweihundert Kilometer an einem Tag, mit schwerem Gepäck, ich bin erstaunt, was mein Körper leistet. Keine Zigarette geraucht! Ich denke gar nicht ans Rauchen.

Auf den Feldern arbeiten Bauern im Rentenalter, auch die Kinder müssen helfen. Manche winken, die meisten gucken mir stumm hinterher. Sofort die Lust, diese Gesichter zu malen.

Ich lache wieder, während ich durch den Regen radele. So, ab jetzt soll ich Angst haben. Wie oft wurde mir vor dieser Reise erzählt, in russischen und ukrainischen Wäldern würden RÄUBER und BANDITEN leben? Die Räuber säen und pflanzen, sie sammeln Reisig im Wald. Sie tragen Stützstrümpfe und Hörgeräte aus den siebziger Jahren des vorigen Jahrhunderts.

Vielleicht habe ich mich verfahren. Kein Schild, das nach Lviv weist. Ich will niemanden fragen, es ist ja nicht sonderlich wichtig, wohin es mich treibt.

Endlich ein Imbiss am Straßenrand. Sogar das Feuerchen brennt schon, und es gibt Schaschlik und heißen Tee. Drei Schwestern betreiben die kleine Wirtschaft. Sehr freundlich sind sie nicht. Ich habe den starken Verdacht, dass sie beim Abwiegen des Fleischs ein wenig schummeln, will aber nicht streiten. Die Damen wirken etwas zigeunerisch, »die Brüste im Mieder schlecht geordnet« (Franz Kafka), diese Beschreibung trifft hier zu. Eine raucht, während sie das Fleisch wendet.

Ukrainische Hrywnja (sprich: Griwna) im Wert von etwa fünf Euro habe ich von der letzten Reise noch. Ein freundlicher Zeitgenosse hatte mich eingeladen, ihn im indischen Mahindra durch die Ukraine zu begleiten. Der Mahindra ist ein Jeep, den die Amerikaner im Koreakrieg eingesetzt haben. Der Zeitgenosse ist ein alter »Ostlandfahrer«, er bereiste in den neunziger Jahren im Trabant-Kübel, in einer knatternden Konservendose also, das Baltikum, die Ukraine und Albanien.

Die Mafia treffe ich in Lviv, in Gestalt der Etagenfrau im Hotel. Sie fragt, nachdem ich mich für den Zimmerschlüssel bedankt habe: Und wann bekommen wir die Schokolade? Ihre Kollegin nickt, als hätte ich eine Pflicht zu erfüllen. Sie weist mich noch darauf hin, dass sie am nächsten Tag nicht arbeiten wird – ich also, bitte schön, heute an sie denken solle. Ich kaufe Pralinen und Schokolade, die Landessitten sollen wenigstens am Tag der Ankunft beachtet werden.
    Spät am Abend fragt die Etagenfrau noch einmal nach ihrem Geschenk. Ich habe es der falschen Kollegin übergeben, sie hat es nicht weitergereicht oder nicht geteilt.
    Zwei polnische Radfahrer, die durchweicht vom Regen im Hotel ankommen, sollen für die Stellplätze ihrer Fahrräder umgerechnet zehn Euro pro Nacht bezahlen, während für mich dieser Dienst umsonst war. Ich rate ihnen auf Englisch, nicht zu bezahlen, sie weigern sich erfolgreich.

Zwei Ruhetage. Meine Beine bedanken sich. Das Hotel hat noch sowjetischen Charme und wird ihn hoffentlich noch lange behalten – abgewetzte Steintreppen, die Fahrstühle melancholisch mit braunem Sprelakart verkleidet, Sofas im Pausenraum aus der Chruschtschov-Ära, die Holzfenster undicht und verzogen, schwere, meterhohe Gardinen vor den Restaurantfenstern.

Bis zum Prospekt Svobody, Freiheit, sind es nur einige Schritte. Ein Hochzeitspaar springt auf einem Trampolin, Kinder fahren mit Elektroautos im Kreis und manchmal zwischen die Beine der Spaziergänger.

Ich sehe den Schach spielenden Großvätern zu. Zwei streiten, da fragt der eine: Warum sprichst du Russisch mit mir? Der andere antwortet: Ich will, dass du mich verstehst.

Als Satzdieb danke ich den beiden Herren insgeheim für diesen Dialog.

Unter Schachspielern gibt es natürlich mehr echte Menschen als in den meisten anderen Interessengemeinschaften. Es ist ein Spiel für Existentialisten, auch wenn der Einsatz für jede Partie, wie hier auf der Parkbank, nur fünfundzwanzig Cent beträgt. Fünf-Minuten-Partien werden gespielt, also Blitzschach. Ein Herr mit Schiebermütze scheint der Meister zu sein, er gewinnt gegen einen jungen Mann, der offenbar auf der Durchreise ist, ein schwerer Rucksack steht zwischen seinen Füßen. Die Zuschauer raunen und klatschen, mit giftigen Zurufen und ungebetenen Ratschlägen begleiten sie das Spiel. Unter ihnen ein Mann im karierten Anzug, mit einer Zeitung und einem Notenheft unterm Arm, vielleicht arbeitet er in der nahen Oper.

Im Museum für Malerei sehe ich mir eine Ausstellung alter Ikonen an. Der Schmerz wird nicht weggegrinst bei den Heiligen, sie kannten noch keinen Relativismus. Manche Ikone hat fünfhundert Jahre auf dem Wandbrett einer Bauernkate überstanden. Das allein ist schon ein Wunder.

Über das künstlerische Gewissen gibt es sicher keine Seminararbeiten. Gewissen ist ja keine wissenschaftliche Kategorie. Doch die schmerzhaftesten

Entscheidungen sind in der Kunst Gewissensfragen.
Der Stil ist der Maßstab des Gewissens.

Abends in einer Studentenkneipe. Ein Gewitter geht
über der Stadt nieder, die Blitze krachen in den Straßen, die Alarmsirenen der Autos heulen und nerven.
Das Theater nebenan spielt »Der gute Gott von Man-
hattan« von Ingeborg Bachmann.

Noch später am Abend erklärt mir ein Verdienter
Schriftsteller der Ukraine etwas, was ich nicht verstehe.
Ich bin viel zu besoffen, er aber auch. Der Verdiente
Schriftsteller hat zwei Freunde, einen Verdienten Schau-
spieler der Ukraine und einen titellosen Menschen, die
ebenfalls besoffen am Tisch sitzen. Der Titellose erklärt
immer wieder, was die anderen beiden für Verdiente
Bürger sind. Der Schriftsteller erhält schreckliche An-
rufe von seiner Ehefrau Xanthippe – er hält mir den
Hörer ans Ohr, begeistert von ihren Schimpftiraden.

Wie ich in diesem Biergarten an diesen Tisch ge-
riet, ist mir noch dunkel in Erinnerung. Zwei vorbei-
schlendernde Milizionäre mahnen uns zu gutem Be-
nehmen. Oh weh, wir weinen nämlich. Meine Tränen
sind echt, die der anderen, so vermute ich, fließen nur
aus Mitgefühl.

Der Verdiente Schriftsteller hat gesagt, Dostojevskij sei ein Verrückter gewesen, ein kranker Autor,
bisschen ballaballa. Diese Meinung ist weder neu noch
originell, aber sie kränkt mich doch.

Dass ich weine deswegen, ist mir natürlich peinlich, und ich entschuldige mich und verlasse schwan-
kend die ahnungslosen Schnösel.

## 10 – DIENSTAG, 5. JUNI 2007
## LVIV – VELYKI BIRKY, 157 KM (1 300)

Weiter Richtung Osten. Die Straße kenne ich schon
von der Fahrt im Mahindra. Ich bleibe vorerst auf der
Trasse. Trasse bedeutet hier so viel wie Landstraße in
Deutschland. Allerdings gibt es Abschnitte mit östlichen Dimensionen, zwanzig Meter Asphaltbreite,
und die Alleebäume wachsen dennoch in der Mitte
zusammen.

11 Uhr 52 in Kurovytschi. Ein wichtiger Moment.
Ich fotografiere die erste Bushaltestelle. Die Olympischen Ringe wurden hier mit steinernen Mosaiken
verewigt.

Bushaltestellen in der Ukraine sind etwas Besonderes. Sie werden zwar meist aus standardisierten Betonplatten zusammengesetzt, ihre Oberflächen aber
mit farbigen Steinen, mit großflächigen Mosaiken,
beklebt. Auch in Russland war mir diese Gestaltung
vereinzelt schon aufgefallen. Smal'ta – nedozzhenno-
je steklo heißt diese Kunst.

Ich habe mir den Auftrag gestellt, jede Bushaltestelle, die mit Mosaiken gestaltet ist, zu fotografieren.
Es könnte eine spannende Sammlung werden.*

In Mitulin, zwei Fahrstunden später, grüßen in
der Bushaltestelle ein Sowjetsoldat und eine Kolchosbäuerin mit Maschinenpistole und Sichel. Das
Gewand der Kolchosbäuerin glänzt auch an diesem

---

* Siehe die farbigen Abbildungen ab Seite 120

verregneten Tag, weiße Steine bringen das stumpfe Braun zum Leuchten.

Nur zwanzig Minuten nach Mitulin, in Novosilki, wieder ein anderes, auf jeden Fall unpolitisches, Motiv. Drei Mosaik-Frauen, die mittlere hält einen Blumenstrauß in der Hand. Die rechte, rothaarige Frau klatscht begeistert in die Hände, angesichts der Schönheit der mittleren. Auch die Begleiterin zur ihrer Linken zeigt mit gestreckter Hand: Nun seht euch dieses glückliche Wesen an! Blumenmosaike reichen an den Außenwänden bis an die Decke.

Seltsam, ich fuhr mit dem Auto durch das Land und sah vielleicht drei spannende Bushaltestellen, so viele wie mit dem Fahrrad an einem Vormittag. Obwohl der Jeep nun wirklich kein Rennauto ist.

Ach, ich bin froh. Niemand lacht offenbar über meinen Helm. Er stört mich gar nicht mehr, ich fahre nur schneller als ohne ihn, weil ich mich sicherer fühle.

Mein (altes) Ich löst sich offenbar auf. Der Himmel ist blaugrau, die Allee erreicht eine surreale Breite. Über mir fliegen Kraniche. Vor dem Regenhimmel sehen sie aus wie Scherenschnitte. Einer der Urzeitvögel verliert eine Feder. Sie schwebt über der Straße, gerät dann in eine Schaukelbewegung, und fällt mir in den Schoß.

Kaum zu glauben, ein Gruß vom Kranich. Für einige Minuten habe ich echte Angst, dass dies ein zu starkes Zeichen sei, dass gleich etwas passieren müsse, ein literaturwürdiges Ende, wie von Friedrich Schiller beschrieben. Wie schändlich, dass ich die »Kraniche des Ibykus« nicht aufsagen kann. Später lese ich das Gedicht.

»Und schwer getroffen sinkt er nieder,
Da rauscht der Kraniche Gefieder,

Er hört, schon kann er nichts mehr sehn,
Die nahen Stimmen furchtbar krähn.
›Von euch, ihr Kraniche dort oben,
Wenn keine andre Stimme spricht,
Sei meines Mordes Klag erhoben!‹
Er ruft es, und sein Auge bricht.«

Am Abend in Ternopil. Der Fluss Seret wurde hier zu einem künstlichen See gestaut, er teilt die Stadt in zwei Hälften. Ich habe Lust, über Nacht in der Stadt zu bleiben. Doch die preiswerten Hotels sind ausgebucht.

Eine Aljona führt mich durchs Zentrum, ich hatte sie um Auskunft gebeten, sie nimmt sich Zeit. Sie ist Studentin, Wirtschaft ist ihr Hauptfach. Nachts, sagt sie, hat sie Angst allein durch den Park zu gehen, es finden Überfälle statt und werden Telefone geklaut.

Arme Großstädter, sie müssen unter wilden Tieren leben. Ich schenke ihr zum Abschied die Kranichfeder.

Nun muss ich im Dunkeln aus der Stadt, am Flughafen vorbei. Ein klarer strategischer Fehler, zu dieser Tageszeit in eine Großstadt zu fahren, die Suche nach einem Schlafplatz kann eine Weile dauern.

Ternopil war ursprünglich eine polnische Siedlung, gehörte dann von 1772 bis 1918 zu Österreich, bis 1939 wieder zu Polen, bis 1991 zur Sowjetunion, seitdem zur Ukraine. Im Krieg von den Deutschen besetzt. Etwa 18 000 (achtzehntausend) Juden wurden ermordet, unter Beteiligung der polnischen und ukrainischen Zivilbevölkerung. Denkmäler, Erinnerungstafeln über diese Verbrechen wird man in diesem Landstrich, dem früheren Ostgalizien, nicht finden.

Bin ich mutig, weil ich allein durch die ukrainische Nacht fahre? Manche denken so, das ist mir schon klar. Doch woher rührt diese (mir gänzliche fremde) Angst vor dem Alleinsein und dem Unbekannten in einer industrialisierten, sich für aufgeklärt haltenden Epoche? Das Muster ist schon in Robinson Crusoe angelegt, der für mich immer noch einer der komischsten Figuren der Weltliteratur ist, solch ein Angsthase ist er. Da lebt er nun schon einige Jahre auf seiner Insel und hat noch nie ein wildes Tier gesehen, aber immer noch schläft er auf Bäumen, wohl aus Furcht, von den Ziegen totgeleckt zu werden. Und die ersten Menschen, die dann kommen, müssen natürlich Menschenfresser sein. Und trotz Fernglas und Muskete wünscht sich Feigling Robinson einen Diener, der die Unbekannten ausspionieren soll.

Angst vor der Fremde tritt oft als Moral auf, sie ist ja eine Abwehrgeste. »Ich würde niemals freiwillig nach Russland fahren!« Man spricht diesen Satz mit erhobener Nase aus, die Lippen werden rechtsseitig verzogen und bilden ein Parallelogramm.

Endlich, gegen 23 Uhr, nach 157 Kilometern, kann ich wirklich nicht mehr weiterfahren. Der nächste Wald muss es jetzt sein. Ich suche nicht lange, ein paar Buchen und hohes Gras sollen als Sichtschutz genügen. Der nächste Ort heißt Velyki Birky.

Inzwischen ist das alles schon Routine: Das Fahrrad in den Wald schieben, den Boden prüfen, Äste oder Steine beiseite räumen, auf Ameisen achten, die Riemen am Gepäck lösen, Zelt aufstellen, Gepäck ins Zelt legen, ausziehen, duschen, im Zelt die Isoliermatte aufblasen, Essen auspacken, die wichtigsten Fakten des Tages notieren, auf der Straßenkarte die Strecke einzeichnen, Mobiltelefon anstellen, die wunden Stellen am Hintern mit Salbe einreiben, essen.

Vor dem Einschlafen rede ich mit den Tieren des Waldes.

Ihr Überlebenskünstler! Ich liebe euch alle, also tut mir nicht weh! Beißt mich nicht, weder in den Hintern, noch in die Nasenspitze! Ich möchte keine Tatze in meinem Zelt oder in meinem Gesicht sehen! Bitte macht nicht so viel Lärm, nehmt Rücksicht auf den Gast! Ich werde mich bemühen, nicht so laut zu schnarchen. Gute Nacht!

11 – MITTWOCH, 6. JUNI 2007
VELYKI BIRKY – KMELNYTSKYJ, 125 KM (1 425)

Ich wache früh auf, höre Stimmen. Zwei Männer mähen Gras, gleich hinter der Straße. Es ist kalt und regnerisch, Nebelschwaden ziehen über die Wiese. Mein Zelt steht gut getarnt, sie sehen mich nicht. Ich packe leise meine Sachen. Dann schiebe ich mein Fahrrad aus dem Gebüsch, sie gucken, der Ältere nimmt seine Mütze ab und hustet, der Jüngere zündet sich eine Zigarette an.

Guten Morgen!, sage ich, setze mich aufs Fahrrad und rolle auf die Straße.

Bereits nach wenigen Kilometern steht am Straßenrand eine Blockhütte. BAR leuchtet auf einem Schild über dem Eingang.

Sieben Uhr zehn, es ist schon geöffnet.

Hinter dem Tresen steht eine ukrainische Mama. Warmes Essen gibt es auch, sie empfiehlt Bratkartoffeln und Spiegelei. Sie bringt sehr schnell den Kaffee, ich sitze noch gar nicht am Tisch.

Weitere Gäste: zwei Offiziere der Miliz, vier Männer in Zivil. Auch die Zivilisten sind, wie ich aus dem Gespräch raushöre, bei der Miliz, sie haben soeben ihre Nachtschicht beendet.

Ich lese im Philosophischen Wörterbuch unter »Gut« folgende Bemerkung: »Wer gut lebt, ist glücklich. Leben ist im Wesentlichen Aktivität in irgendeinem Sinne und ist nicht dasselbe wie das biographisch erfassbare ›Leben‹, denn man kann auch leben, ohne Gebrauch von seinen Tugenden zu machen. ... je nachdem, was als das Gute geliebt wird: das ›Genussleben‹ (Lust), das politische Leben (Ehre), das ›betrachtende Leben‹.«

Die Offiziere reden nicht mehr, dafür lärmt der Fernseher desto lauter. Ich habe die Vogelstimmen noch im Ohr. Ukrainische Werbung für deutsche Produkte, die in China hergestellt werden, das muss jetzt nicht sein.

Ich bitte die Barfrau, die gerade das Besteck und

den Brotkorb bringt, den Fernseher leiser zu stellen. Sie zögert.

Es ist möglich, sage ich ihr.

Sie geht zu den Offizieren an den Tisch, nimmt die Fernbedienung. Sie stellt den Ton so leise, dass fast gar nichts mehr zu hören ist.

Schweigen.

Der Gast bittet darum, sagt die Frau.

Sie dreht sich um und geht zum Tresen. Ich sehe weiter ins Buch. Die Männer reden über mich.

Ein Ausländer. Er will seine Ruhe. Still sollen wir sein.

Dann scheint sie der Taugenichts nicht mehr zu interessieren. Sie reden lebhafter, lauter. Die Sätze werden länger, sie hören sich zu, sogar Dialoge entstehen, einer erzählt von der Reise mit seiner Tochter zu den Großeltern, ein anderer von Erlebnissen im Pionierlager »Artek«, sie loben das Essen, sprechen über die Ernte. Ich habe mich als Erzieher bewährt.

Immer wieder erlebe ich die gleichen Szenen in den Dörfern. Ich stelle mein Fahrrad vor einem Dorfgeschäft ab, ein Passant oder Kunde fragt: Otkuda? Woher? Aus Berlin? Wie viele Kilometer? Besonders höfliche Leute fragen: Otkuda, jesli nje sekret? Woher, wenn es kein Geheimnis ist? Die nächste Frage wird oft mit listigem Unterton gestellt, weil man schon eine verrückte Antwort erwartet. A kuda? Und wohin?

Nach Saratov, an die Wolga. Obratno tosche, zurück auch, füge ich hinzu. Meine Antwort will kaum jemand glauben, die meisten lachen. Rasch werden Freunde, Verwandte oder vorbeilaufende Fußgänger über die Ankunft eines verrückten Deutschen informiert. Wo schlafen Sie?

Große Begeisterung löst immer wieder die Zahl der Kilometer aus. Schließlich hat noch nie zuvor jemand die Entfernung von hier, von diesem Dorf nach Berlin mit eigener Muskelkraft ausgemessen.

Betrunkene und Nüchterne gratulieren mir, Hilfe wird mir angeboten, sowie ich anhalte. Kleine Geschenke werden mir mitgegeben, eine Autokarte, Obstsaft, geräucherter Fisch.

Abends, als es wieder regnet, übernachte ich in einem Hotel. Es liegt gleich an der Trasse. Dreißig Euro kostet der Bungalow für eine Nacht in Kmelnytsky, aber das Zelt soll trocknen, und ich will eine der Fahrradhosen waschen. Das Essen wird aufs Zimmer gebracht, sehr willkommen, dieser Service. Schaschlik, Pommes frites, von beidem die doppelte Portion. Ich dusche, gucke Fernsehen. Fremde Welt.

12 – DONNERSTAG, 7. JUNI 2007
KMELNYTSKYJ – LITIF, 102 KM (1527)

Sonne! Dickes Ausrufezeichen! Wie viele Tage hat es geregnet? Zehn? Ich kann wieder in kurzen Hosen fahren und die Jacke ausziehen.

Die Entfernungen zwischen den Dörfern werden größer, bis zu dreißig Kilometer. Ich trinke gar nicht viel, vielleicht fünf Liter am Tag.

Ganze Stunden verschwinden aus meinem Gedächtnis. Vielleicht fahre ich durch Dörfer oder durch meine Hirnwindungen.

Eine Meute Hunde folgt mir, ich habe Lust, einen der Scheißerchen zu töten. »Und links in den Hals,

und rechts in den Hals, und drittens in den Bauch …«
Erinnerung: Unsere Schulklasse besucht die Soldaten
der Nationalen Volksarmee. Das Opfer, der Grenz-
verletzer, trägt eine Wattejacke. Die wohldressierte
Hundeschnauze verbeißt sich und nimmt freudig die
Belohnung entgegen. Wir Schüler klatschen und gratulieren den sozialistischen Soldaten zu ihren hervor-
ragenden Ausbildungsergebnissen.

Ich bin allein mit mir, das ist meistens unterhaltsam.
   Aber im Straßengraben ist auch ganz schön was
los. Da steht offenbar ein Wünschelruten-Träger. Ein
zweiter Mann telefoniert mit dem ersten, obwohl
beide nur einige Meter auseinander stehen. Ich halte
an.
   Was machen Sie da?
   Wir messen elektrischen Strom!
   Ich dachte, Sie suchen Wasser.
   Leider begreife ich von den technischen Erklä-
rungen der gelehrten Herren so gut wie gar nichts.
   Lange Kastanienalleen, vorbei an Weizenfeldern.
Immer wieder seltsame Arbeitsszenen: Wo überall
der Rasen gepflegt wird, ist nahezu unfassbar. Zum
Beispiel vor einer Industrieruine, vielleicht ist es ein
ehemaliges Kalkwerk. Fünfzig, sechzig Meter hoch
dürften die grauen Mauern sein, die noch stehen.
Und davor ist ein schmales Stück Rasen, auf dem drei
Frauen den Boden lockern und Blümchen gießen.
   In einem Wettbewerb um den traurigsten Ort im
Zentrum Europas würde dieses Städtchen wohl zu
den Favoriten zählen. Seinen Namen werde ich nicht
nennen, aber wie verzweifelt die Menschen hier sein
müssen, spüre ich, denn mein Wunsch, selber hier zu
wohnen, ist auf einmal sehr groß. Unter Tarnnetzen
gibt es so etwas wie eine Bar, man sitzt auf Holzklöt-

zen, trinkt Bier und wartet darauf, dass etwas passiert.

Die Frau am Tresen sagt: Woher kommen Sie? Hier ist keine Zivilisation. Fahren Sie schnell weiter!

Ich lache.

Ist es hier gefährlich?

Nicht gefährlich. Nur –

Sie zuckt mit den Schultern.

Krank?, frage ich. Ein kranker Ort?

Ja, sagt sie.

Aber SIE sind doch ein guter Mensch, schmeichle ich. Wahrscheinlich machen Sie gute Pelmeni.

Sie spitzt die Lippen.

Natürlich!

Sehen Sie, so ist es ein guter Ort.

Ich verstehe die Frau ja, ich sah schon zwei Männer, die brauchten Hilfe auf dem Heimweg. Und die Sonne wird es nicht gewesen sein, die sie zum Schwanken brachte. Und vor einem Garagentor lag ein weiterer Mann im Straßengraben.

## 13 – Freitag, 8. Juni 2007
## Litif – Oratif, 108 km (1635)

Mittagspause in Stavysche, wohl zweihundert Kilometer südlich von Kiew. Trostloser Marktplatz, doch ein freundlicher Taxifahrer lotst mich zu einer Schaschlikbude, er schwört, hier werde das beste Schaschlik verkauft. Übertrieben hat er nicht, es schmeckt ausgezeichnet. Nur die Musik nervt. Einige Arbeiter sitzen am Nachbartisch. Eine ziemlich korpulente Frau setzt sich zu mir.

Es sei doch ganz normal, so lange mit dem Rad zu fahren, meint sie.

Ich möchte nicht unhöflich sein, frage sie aber doch, welche Art von Sport sie treibt.

Sie tanze gern, meint sie.

Oh weh, oh weh. Sie arbeitet in der Verwaltung. Ich habe keine Lust auf ein längeres Gespräch. Sie merkt es bald.

Neue Entdeckung: Säfte in Drei-Liter-Gläsern. Apfel und Kirsch probierte ich bisher. Reines Naturprodukt, sehr preiswert. Ein halbes Glas, eineinhalb Liter, trinke ich gleich, den Rest fülle ich in die Trinkflaschen am Fahrrad.

Am Nachmittag verdunkelt sich der Himmel wieder, ich setze mich vor einer Bar auf die überdachte Veranda, trinke Kaffee, lese. Ein Milizionär fuhr mit einem Jeep vor, den er sicher nicht mit ehrlicher Arbeit verdient hatte.

Na, du Fahrradmaus, was willst du? – so blickte er mich an.

Ich nickte ihm zu. Wahrscheinlich sehe ich aus wie ein Trottel, wenn ich mir einbilde, bloß unschuldig zu gucken.

14 – Samstag, 9. Juni 2007
Oratif – Tynivka, 125 km (1760)

In einem Dorf in der Zentralukraine, in Tynivka, lerne ich eine Gruppe Bauarbeiter kennen. Zwei von ihnen sind Wanderarbeiter, sie bauten in Tschechien und Ungarn Häuser. Ihre Familien sehen sie nur zwei Monate im Winter. Einer stellt seine Frau vor, Oxana, sie feiert am nächsten Tag ihren 30. Geburtstag. Sie laden mich zu der Feier ein. Ich bestehe darauf, mit ihnen zu arbeiten. Wir fahren acht Uhr morgens auf die Baustelle, an einem Haus soll Wärmedämmung angebracht werden. Meine Aufgabe ist es, den alten Putz von der Wand zu hauen. Bald habe ich Blasen an den Händen, die Kollegen spotten. In unserer Brigade herrscht eine lockere Stimmung, dafür sorgt schon der Wodka zum Frühstück. Ivan und Alexej sind Cousins. Wir haben zwei Vorarbeiter, sie stimmen unsere Arbeiten ab. Wir schneiden die Dämmplatten, mischen den Klebstoff. Da ich bestätigen kann, dass wir mindestens so effektiv wie auf einer deutschen Baustelle arbeiten, rechnen wir aus, was wir in Deutschland mit unserer Arbeit verdienen würden.

Politische Diskussionen führen wir ebenfalls in unserer Brigade. Anatoli, mein Gastgeber, meint, er kenne niemanden, der die NATO-Mitgliedschaft der Ukraine wolle. Alle schließen sich dieser Meinung an. Wir brauchen weder Russland, noch Amerika!

Abends, im Hof der Gastgeber, feiern wir als echte Patrioten unsere Ukraine. Wir erörtern unsere nationalen Eigenschaften und sind uns einig, dass wir von Natur aus naiv, verschmitzt und erleuchtet sind. Oxana kann sich glücklich schätzen, so viele Freunde zu haben. Verwandte sind aus Kiev angereist, Tanten und Großmütter überreichen Geschenke. Die Kinder kann ich auch im Laufe des Abends nicht zuordnen, es sind jedenfalls viele. Eine Frau zeigt ihr fünftes Kind, drei Monate alt ist es, sie trägt es auf dem Arm.

Ich soll erzählen, wie in Deutschland gefeiert wird.

Im Feiern sind wir Deutschen nicht so gut wie im Rechnen, muss ich gestehen. Niemand versteht, warum in Deutschland so wenige Menschen heiraten. Ob ich in einer Wohnung lebe oder ein Haus besitze, wollen sie wissen. Auch eine Babuschka möchte mit mir trinken.

Am nächsten Tag fahren wir zum Angeln an einen See, maulfaul, wir klagen über Kopfschmerzen. Die Fische beißen alle paar Minuten, bloß nicht bei mir. Ivan telefoniert mit seiner Frau in den Ostkarpaten. Die Telefonfirma bietet sonntags dreißig Freiminuten, er nutzt diese Zeit.

Seltsam: Als Schüler empfand ich der russischen Sprache gegenüber eine große Abneigung. Russischunterricht war eine Qual für mich. Die Vokabeln kamen mir vor wie Teilnehmer an einer 1.-Mai-Demonstration. Sie waren nicht freiwillig hier, ihre Aussagen waren ihnen selber peinlich, denn sie wussten ja, dass sie zwei Aufgaben gleichzeitig erfüllen sollten: bekennen und verleugnen, hinsehen und weggucken.

Guten Tag! war schon die erste Lüge. Dobri den? Wie kann der Tag gut sein, wenn in den Familien die Prügelstrafe nicht selten eine anerkannte Erziehungsmethode ist und in der Schule ein »sozialistisches Menschenbild« gepredigt wird, deren konsequenteste Vertreter auffällig oft unter Alkoholproblemen leiden? Es spricht sich auf dem Dorf schließlich herum, wer zur Entziehungskur muss und welcher Lehrer mit einem Fläschchen in der Hand über die Türschwelle stolperte und sich ein Bein brach.

Das Vokabular in der Schule brachte Sätze hervor, die nüchtern schwer zu ertragen waren.

Genosse, Freundschaft und Frieden, das war ja nur der Anfängerkurs. Der Frieden muss geschützt werden, gerade bei uns, an der »Nahtstelle« zum Imperialismus, in Sichtweite der Minenfelder an der deutsch-deutschen Grenze. Deshalb üben wir bei den Manövern »Schneeflocke« und »Druschba« schießen, robben, Handgranaten werfen. Freundschaft.

Es mag ja sein, dass sich die Menschen vieler Epochen geistesakrobatischen Übungen hingaben, die Andersgläubige an Selbstkasteiungen erinnerten – nicht jedem Bauern im 13. Jahrhundert gefielen vorbeiziehende Büßer, die mit blutig gepeitschten Rücken bettelnd durch die Dörfer zogen, um Gott nahe zu sein. Aber so lustfeindlich wie der Marxismus-Leninismus war kaum eine andere zur Form geronnene Selbstquälerei zuvor gewesen. Der Pietismus ist eine Bacchus-Kultur, verglichen mit M/L.

Ich hatte oft einen trockenen Mund, wenn ich Russisch sprechen musste. Menja sovut, ja schivu (Ich heiße, ich wohne) – es kam mir vor, als würde ich einem Geheimdienst meine Daten übergeben. Ich konnte die »Russland-Hasser« und die »Russland-Freunde« nicht verstehen, die Nazis nicht und nicht die politischen Träumer.

Das bessere Russland war der Literatur vorbehalten. Auch hier waren Minen vergraben, denn die Ideologie konnte auch auf diesem Wege Vokabeln verschicken. Romane galten schließlich als Waffen im Klassenkampf.

Deshalb las ich »Timur und sein Trupp« von Arkardi Gaidar mit einer gewissen Skepsis – Vorsicht! Hier soll das Sammeln von Altpapier aus »Solidarität für die Völker in Afrika« moralisch begründet werden! Arbeit als Spiel mit politischem Sinn – weil die Planwirtschaft unfähig ist, sich aus eigener Kraft zu erneuern.

Natürlich war mir klar, dass ich niemals solch ein selbstloser Junge wie Timur sein würde, insofern hatte meine Abneigung auch persönliche Gründe.

Russische Märchen las ich im Geschichts- oder Staatsbürgerkundeunterricht, wenn ich mich langweilte, also oft. Da einige Schüler regelmäßig die sozialistische Disziplin verletzten, so dass regulärer Unterricht nicht immer durchgeführt werden konnte, bat mich unser Deutschlehrer manchmal, die Klasse zu beruhigen, indem ich aus Werken des sozialistischen Realismus vortrug. »Wie der Stahl gehärtet wurde«, Aufbaupathos von Nikolai Ostrowski, war immer erlaubt.

Nach meiner heutigen Erinnerung arbeitet Pavel Kortschagin als Stahlwerker sechzehn bis achtzehn Stunden am Tag unentgeltlich für den Sozialismus. Noch als Blinder will Pavel zurück »in Reih und Glied«, will nützlich sein, denn die Befreiung der Menschheit steht bevor.

Als Waffe war dieser Roman mindestens ein Raketenwerfer wie die Katjuscha.

## 15 – SONNTAG, 10. JUNI 2007
### TYNIVKA – BILOZIRI, 145 KM (1905)

Wieder auf der Landstraße. In Pavlyvka, dem nächsten Dorf, grüßt mich ein steinerner Matrose – das Mosaik an der Bushaltestelle ist zwar schon beschädigt, aber von außerordentlichem historischen Wert, wie alle sovjetischen Motive. Sieben Uhr, ich fotografiere und habe noch Kopfschmerzen. Meine Jungs müssen jetzt arbeiten, viel sehen sie nicht von der Welt.

Bis zum Nachmittag stehen nur noch gekachelte Bushaltestellen an den Straßen. Das macht aber nichts. Die Sonne scheint, ich fahre mein übliches Tempo – und sammle unterwegs wieder Glückwünsche und Komplimente.

Erste Begegnung mit einem Schuldirektor. Ich will mir eigentlich das Schevtschenko-Museum ansehen, es ist aber heute am Montag geschlossen. Taras Schevtschenko war Leibeigener. Er wurde von einem Gönner freigekauft, nach einigen Jahren inhaftiert wegen seiner politisch brisanten aufrührerischen Verse. Der Direktor kommt aus dem Gebäude und befragt mich. Er stellt die üblichen, sich wiederholenden Fragen. Woher, wohin, allein, im Wald? Nach jeder Antwort lacht er. Er stellt die nächste Frage und lacht wieder. Er muss sein Lachen nicht erklären, ich verstehe ihn auch so.

Wir schwatzen noch ein bisschen. Die Schule ist privilegiert, er leugnet es nicht, der Präsident war hier und weihte sie ein, man ist mit Technik gut ausgestattet und arbeitet selbstverständlich im Unterricht mit Computern. Er ist auch noch ein Abgeordneter in einem Regionalparlament.

Er wippt auf den Fußspitzen, er treibt sicher Sport.

Hinter der nächsten Kurve beginne ich laut zu reden.

Toll! Ein toller Typ! Ein Lehrer, von dem Schülerinnen träumen! Drahtig, sportlich, elegant, gerecht! Und intelligent genug, Witze schnell zu verstehen.

Ach nee, um nicht in weiteres Pathos zu verfallen, schalte ich vom christlichen Sender zum Sportkanal.

Ich berichte von der Tour de Wolga mit dem Ehrgeiz, in jedem Satz mindestens eine Stilblüte unterzubringen.

Der Fahrer hat neuen Mut getankt. Heldenhaft kämpft er gegen den nächsten Berg. Schnatternde Gänse verteidigen ihr Wegerecht. Einer Bäuerin fällt die Sense aus der Hand, sie betet zum Herrgott, als würde es Frösche regnen.

Am Nachmittag ein unfreundliches Gespräch mit einer Kellnerin, in Smila. Sie bekommt das Maul nicht auf, hat Kiefernstarre. Alte sowjetische Schule, bloß keine Regung zeigen. Das Falsche ist das Richtige, das haben wir einmal gelernt und dabei bleibt es. Die neue Zeit ist auch nicht besser als die alte, ihr Mobilfunkträger!

Am Abend biege ich von der Straße ab und fahre durch einen Kiefernwald. Laut Karte soll es hier kein Dorf geben. Doch in einer Senke stehen drei, vier Häuser. Der Sand auf dem Weg ist tief, ich muss das

Fahrrad schieben. Drei Jungs sehen mich. Auch sie stellen die üblichen Fragen.

Der elfjährige Vlad, deutsch der Fürst, ruft durch den Wald: »Mama! Mama! Turist is Berlina! Na velozipede!« Stolz berichtet er, dass ihr Nachbar ein alter Partisan sei. Seine Freunde, Alexej und Serjoscha, prüfen die Gangschaltung an meinem Fahrrad. Einundzwanzig Gänge, ich werde akzeptiert. Vlad erzählt, er besitze zwei Hunde, die Meister der Ukraine seien. Ich kann es kaum glauben, aber es wird sich als wahr erweisen.

Obwohl der Himmel sich wieder verdunkelt und es gleich regnen wird, setze ich mich mit den Jungs auf eine Bank am Waldrand. Ich soll unbedingt mit ihnen Fußball spielen, auch eine Badestelle wollen sie mir zeigen. Ich hole mein Essen aus dem Gepäck, Brot, Wurst, Knoblauch.

Vlad trägt einen Verband an der rechten Hand, eine Verletzung vom Fußball. Seine Mutter ruft ihn.

»Mama! Mama! Turist is Berlina! Na velozipede!«

Jetzt kommen noch andere Leute, Vlads Vater, Alexejs Schwester und Nikolai Nikolaevitsch, ein bärtiger Mann in Gummistiefeln. Sie sehen mir beim Essen zu, fragen mich aus. Ich werde bestaunt, als würde ich auf einem blauen Elefanten durch das Land reiten.

Ein Jeep fährt im Schritttempo in den Wald, zwei jugendliche Pärchen prosten mit Wodkaflaschen aus den offenen Fenstern. Vlad ruft ihnen zu: »On Turist is Berlina! Nemse!« – »Geil Gitler!« rufen die beiden Männer zurück.

Es beginnt zu regnen. Vlads Vater lädt mich zum Essen ein, auch ein Schlafplatz werde sich finden. Wir gehen aufs Grundstück, in eine Art Gartenküche. Vlad will unbedingt, dass wir den alten Partisanen rufen. Der kenne schließlich alle Bunker im Wald. Nikolai Nikolaevitsch übernimmt die Aufgabe, den alten Mann zu holen. Mutter und Großmutter bringen den Borsch, Wodka, Brot, Salat. Wir warten, bis der Partisan kommt, und leeren dann rasch einige Gläschen. Der Partisan Andrej Vladimirovitsch soll vom Krieg erzählen, aber er will gar nicht. Juri, Vlads Vater, macht einen Vorschlag. Wir könnten am nächsten Tag gemeinsam in ein Museum über den Großen Vaterländischen Krieg fahren. Der Beschluss wird gefasst und mit einem Wodka begossen.

Nikolai Nikolaevitsch erinnert mit seinem Bart an Dostojevskij als Sträfling. Er spricht unglaublich schnell, fast jeden Satz beendet er mit dem Wort »tschut-tschut«, ein bisschen.

Nikolai wohnt erst einige Monate hier. In seiner Kate werde ich schlafen. Möbel gibt es so gut wie keine, doch einige Bücher und einen alten Fernseher. Wir streuen uns Stroh auf den Boden und trinken Tee. Draußen regnet es. Nikolai erzählt von seiner Militärzeit.

Am nächsten Tag erzählt uns die Museumsführerin von den Schrecken des Krieges. Eine Viertelmillion Menschen fielen in der Gegend von Tscherkassy.

Vor dem Museum stehen die alten Kriegsgeräte. Panzer, Raketenwerfer, die berühmten Katjuschas, Geländewagen. Der Partisan bemängelt am Eingang das brüchige Mauerwerk; der Putz fällt von der Wand. Für die Renovierung der Erinnerung fehle das Geld, meint er. Zwei Stunden dauert der Vortrag im Museum.

Zum Abschluss ermahnt mich die Führerin. Ich wisse wohl gar nicht, wie gefährlich es sei, mit dem Fahrrad durch die Ukraine zu reisen.

Vlad hat ihr von meinem Abenteuer berichtet. Ich

erkläre der Frau, dass ich meine Begleiter gestern noch nicht kannte.

Soll ich Angst vor diesen guten Menschen haben?, frage ich.

Sie kennen unser Volk nicht, meint sie.

Ich will wissen, was ihr persönlich passiert sei, da sie meine Fahrt als so riskant einschätzt.

Sie haben uns vieles über den Krieg erzählt. Das war eine gefährliche Zeit, aber heute ist es doch etwas friedlicher?

In Kiev in der Metro sei es gefährlich, meint sie.

Ich fahre nicht mit der Metro, sondern Fahrrad. Außerdem lauern Taschendiebe auch in den Metros anderer Hauptstädte.

In der Metro wurde ihr einmal Geld aus der Bluse geklaut.

Von einem Deutschen übrigens, fügt sie hinzu.

Aha, habe verstanden.

Meine Reise ist für diese Frau offenbar schon deshalb eine Provokation, weil ihre eigene Arbeit in den letzten zwanzig Jahren entwertet wurde. Während sie für ihre Arbeit schlecht bezahlt wird, verzichte ich aufs Geldverdienen. Ich bewege mich als Ausländer frei in ihrem Land, was in der Sowjetunion nicht möglich gewesen wäre. Die Landsleute, die ihr Museum nicht mehr so häufig besuchen, empfangen mich mit offenen Armen.

Ich mähe mit Nikolai Nikolaevitsch die Wiese vorm Haus, wir stellen ein Baugerüst auf. Abends kommen Gäste, es wird wieder getafelt und getrunken. Nach einigen Gläschen veranstalten wir einen Schießwettbewerb. Etwa einhundert Meter beträgt die Entfernung zum Ziel, eine leere Plastikflasche, die Nikolai Nikolaevitsch auf dem Dach eines Schuppens abstellt.

Ich erhalte den Ehrentitel Sniper, weil sechs von sieben meiner Schüsse die Flasche treffen. Tatsächlich war ich beim Militär ein ziemlich guter Schütze.

Immer wieder die Aufforderungen: Ich soll wiederkommen, vergiss uns nicht, schreibe, komm zurück, bleib noch hier, wir spielen noch Schach, wir werden noch Tontauben schießen, lass uns trinken usw. usf.


## 16 – MITTWOCH, 13. JUNI 2007
### BILOZIRI – SVIDLOVOTSK, 148 KM (2 065)

Der alte Partisan wollte mir zum Abschied 100 Griwna, 13 Euro, schenken, weil er glaubte, ich hätte kein Geld bei mir. Ich musste mehrmals ablehnen, bevor er, sehr enttäuscht, akzeptierte. 900 Griwna beträgt seine monatliche Rente. Ich könnte der Enkel des Mörders seines Bruders sein.

Vlad bringt mich ins Dorf, zeigt mir seine Schule. Ich verspreche ihm, spätestens im nächsten Jahr wiederzukommen.

Neue Vokabeln: fukosnik, Zauberkünstler; spalni meschok, Schlafsack.

Die Straße führt am Krementschukscher Staudamm entlang, der 140 Kilometer lang ist. Der Dnepropetrowsker Stausee schließt sich an, noch einmal 100 Kilometer. Überhaupt überrascht mich die Vielzahl der Seen hier in der Zentralukraine. Viele Angler. In den Dörfern Hunde hinter jedem Zaun, meist bellen sie ganz humorlos.

Das ewige Treten der Pedale hat längst eine Sucht erzeugt. Rauschartige Zustände treten immer wieder auf.

Wie viel Liter habe ich heute schon getrunken? Bin ich soeben einen Berg hoch oder einen Berg runter gefahren? Wie heißt das Dorf, aus dem ich komme? Biloziri? Wo arbeitet meine Brigade? In Tynivka? Noch keine Reparatur am Fahrrad. Blick senken, bloß nicht die Spitze des Berges sehen. Ich steige aus dem Sattel. Rammstein singen: Ihr sollt mir vertrauen. Wer ist ihr? Ich vertraue nur mir selber. Man fragt mich, ob ich keine Angst habe. Vielleicht muss man vor mir Angst haben. Ein Bus fährt so dicht an mir vorbei, dass ich Mühe habe, mich im Sattel zu halten. Der Fahrer will mein Mörder sein. Wenige Zentimeter nur braucht er das Lenkrad zu verschieben. Autofahren fördert die schlechten Eigenschaften, erzieht zu Feigheit, stark fühlt sich der schwache Mann nur unter einer Blechglocke.

An der nächsten Tankstelle sehe ich den Bus wieder. Die Fahrgäste sind Sportler in Trainingsanzügen, vielleicht auch Soldaten. Ich frage nach dem Fahrer, das heißt, ich brülle fast. Zwei Männer antworten, sie seien die Ersatzfahrer. Wo ist der Fahrer? Er kommt, ich schimpfe: Warum fahren Sie so gefährlich? Haben Sie mich nicht gesehen? Sind Sie verrückt? Vy bjesumni, da?

Die zwanzig, dreißig Männer ringsum gucken zu. Der Fahrer entschuldigt sich, ich schimpfe und fahre weiter.

Frechheit. Für solche Gelegenheiten braucht man Schimpfworte. Ich kenne nur eins, das eignet sich nicht für Männer.

Der nächste Berg. Zwischendurch ein Blick auf die Lenkertasche. Der Träger des gelben Trikots liegt uneinholbar an der Spitze. Ich prüfe vor der Abfahrt den Horizont. Spitzengeschwindigkeit 55 km/h.

Ich beobachte, von welcher Stimmung es abhängt, an wen oder woran ich denke. Berghoch scheinen erotische Vorstellungen den Anstieg zu erleichtern. Auf geraden Strecken halte ich lieber Vorträge. Ich spreche laut, so gelingt es mir besser, einen Dialog mit dem Publikum zu beginnen. Besonders aufmerksam hören immer wieder die Ziegen zu. Sie schütteln ihre gelehrten Bärte und folgen mir mit ihren Blicken. Die Kühe hingegen gucken, als ob sie nichts verstehen, obwohl ich mich bemühe, verständlich zu formulieren.

Ich stelle drei Themen zur Auswahl. 1. Wovor haben die Deutschen Angst? 2. Was ist Literatur? 3. Warum Gott rülpste, als er die zehn Gebote aufstellte. Das dritte Thema ist nur für geladene Gäste bestimmt. Frage Nummer zwei ist meinem Herzen am nächsten.

Zunächst rate ich meinen Zuhörern, sich daran zu erinnern, dass Worte einen Geschmack haben. Ich selbst kann bestimmte Worte nicht aussprechen, weil sie einen üblen Geschmack auf meiner Zunge hinterlassen. Fast alle Substantive, die mit der Silbe -ung enden, bereiten mir Magenschmerzen. Ich kann es nicht immer vermeiden, sie zu benutzen, weil es Mühe kostet, schönere Worte zu finden. Schönere Worte sind auch genauere Worte.

Mein Leben, das ich vor dieser Reise führte, erscheint mir immer trostloser. Geradezu widerlich war dieses Dasein, schimpfe ich. Das Dasein sowohl im sartreschen als auch im hegelschen als auch im heideggerschen als auch in meinem Sinn. Das alles überhaupt, dieser Dreck – in mir! Eine starke seelische Entlüftung, die ich mir leiste.

Ich glaube, der letzte Mensch, mit dem ich ein vernünftiges Gespräch hätte führen können, war Flaubert. Aber erst nach seinem Ritt durch die ägyptische Wüste.

Ach, verdammt, ich wollte die Hybris ablegen, ich Wahnsinniger. Natürlich, das wäre doch ein Ziel. Was wollten Sie mit dieser Reise erreichen? Wollen Sie zur Völkerverständigung beitragen? Wollen Sie die Taiga retten oder gar für die Rechte anderer Leute demonstrieren? Ich möchte bescheidener werden.

Typisch Westler, er hat kein (metaphysisches) Ziel, er kann keine Botschaft dahersagen, aber er reist.

Mittags erhalte ich eine SMS von Natascha aus Berlin. Sie sei bei einem »stinklangweiligen Vortrag im Auswärtigen Amt«. Die Deutschen, denen sie von meiner Reise erzählt, lassen anfragen, wie oft ich bereits überfallen wurde. Ich kann über diese Beleidigung der in Russland und in der Ukraine lebenden Menschen schon gar nicht mehr lächeln, sondern staune nur, dass man diese Frage so gern mit einem witzigen Unterton stellt. Im Mietshaus kennt man den Nachbarn von gegenüber nicht, aber dass der Schleusenwärter vom Dnjepr ein Dieb ist, weiß man ganz genau.

Der Hintern schmerzt nach hundert Kilometern, aber was soll es. Rechts im Gebüsch zwei Männer, die finster gucken, mich dann in ihrem Mercedes überholen, gleich danach vor mir anhalten. Ich prüfe, ob das Messer in der Seitentasche steckt. Der Fahrer ist ausgestiegen. Er öffnet die Motorhaube. Stumme Blicke beim Vorbeifahren.

Eine Schnecke kriecht über die Straße, ich kann

ihr gerade noch ausweichen und rufe ihr zu: Pass auf, Mädchen!

Am Abend wieder Regen. Die Straße führt bergab, der Asphalt endet, das Wasser fließt über Schottersteine, die Räder versinken im Schlamm. Auf die Bremsen ist Verlass, ich ermahne mich aber, nicht mehr so schnell zu fahren. Noch immer kein Defekt am Fahrrad.

Leider habe ich tatsächlich nur noch wenig Geld bei mir. Und der einzige Geldautomat auf der Strecke »arbeitete« nicht. In Svidlovotsk halte ich vor einem Magazin, einem Lebensmittelgeschäft, für ein einfaches Essen wird mein Geld noch reichen. Die Verkäuferin ist auch nicht genervt, als ich nach einzelnen Preisen frage. Brot, Knoblauch, Wasser sind unerlässlich. Möglichst noch süße Kekse, um die Lust auf Zucker zu beschwichtigen. Knoblauch ist ein starker Energiespender. Nach den Saufabenden der letzten Tage, auf dem Vorwerk, mit meiner Brigade, ist der Appetit auf ein Bier aber auch sehr groß.

Während ich noch rechne, werde ich wieder einmal ausgefragt, wieder von einem leutseligen Mann Mitte fünfzig.

Woher, wohin, das übliche Staunen.

Darf ich Sie einladen?, fragt er.

Sie kennen mich doch gar nicht, antworte ich.

Ach, sagt er, wen kennt man schon.

Er wohne nicht weit von hier, die Familie sei verreist, ich könne ein eigenes Zimmer haben.

Ich zögere, wollte im Wald schlafen, andererseits wäre eine Dusche auch willkommen. Es ist klar, dass er einen Kumpan zum Saufen sucht. Die Verkäuferin ruft ihm zu: Und morgen erzählst du mir von der Reise des Deutschen!

Vladimir kauft gebratenes Huhn zum Abendbrot, ich bezahle den Wodka. Er arbeitet als Schlosser in einer Kolchose, ich kann mir vorstellen, was er verdient.

Wir sind noch gar nicht bei ihm zu Hause angekommen, da erzählt er mir schon von seinem neuen Lebensziel: Mit dem Fahrrad nach Berlin fahren! Jawohl, sobald er Pensionär sei, werde er das machen!

Ich dusche im Garten und danke den Göttern für die Erfindung des Wassers.

Vladimir deckt in der Küche den Tisch, wir breiten unsere Schätze aus. Tee zum Wodka ist etwas Feines. Vladimir zeigt Fotos von seiner Frau und von seiner Tochter. Kurzes Bedauern, dass beide nicht da sind. Wir schwatzen nichts Tiefgründiges, aber ich merke, dass mein Russisch besser wird.

Wir setzen uns noch in den Garten, rauchen, trinken. Dumm: Ich rauche mit, zwei, drei Zigaretten. Vladimir lacht über seine Zeit in der Sowjetunion. In einem sind wir uns einig: Kommunismus ist Wahnsinn. Wie kann ein einzelner Mensch (Lenin) wissen, wie Millionen andere leben wollen?, fragt Vladimir in einem ukrainischen Dorf unterm Apfelbaum. Zeit zum Schlafen.

17 – DONNERSTAG, 14. JUNI 2007
SVIDLOVOTSK – POLTAVA, 156 KM (2 210)

Vielleicht der schönste Tag bisher. Bestes Kino war schon der Abschied von Vladimir.

Mein Freund, bleibe noch einen Tag bei mir. Wir werden Schaschlik braten und über die Sovjetunion reden.

Vladimir, schau aus dem Fenster. Die Sonne scheint, die Vögel singen. Ich möchte die Natur sehen.

Natur? Sieh in meinem Garten.

Dein Garten ist schön, aber die Stadt ist nicht weit, wir hören die Züge.

Er will ja selbst bald nach Berlin fahren, muss mich also verstehen.

Du bist ein Sportler, sagt er, das ist richtig.

Er hingegen sei ein Artist auf dem Fahrrad, wie ich gleich sehen werde.

Er schnallt eine Gasflasche auf den Gepäckträger, sie dürfte dreißig Kilogramm wiegen. Er will mich mit dem Fahrrad begleiten und die Gasflasche zu seiner Tante bringen. Der Riemen, der diese Flasche halten soll, macht einen äußerst verdächtigen Eindruck. Und Vladimir hätte gestern Abend etwas weniger trinken sollen. Selbst die Katze auf dem Zaunpfahl wischt sich verwundert über die Augen, als er losfährt. Der Fahrer braucht bald Sprit. Vladimir gelingt es tatsächlich, vom Rad zu steigen, ohne zu fallen. Mit einer Flasche Bier in der Hand kehrt er aus dem Geschäft zurück. Er lacht mich aus, als ich ihn warne. Wir erreichen das Haus seiner Tante, und er freut sich.

Siehst du, sagt er zum Abschied, was den Russen stark macht, bringt den Deutschen um.


9 Uhr 27. Wieder ein überraschender Schatz im Freilichtmuseum Ukraine. Am Flughafen von Krementschuk hat ein Mosaikkünstler Hubschrauber und ein Propellerflugzeug verewigt. AERODROM heißt die Haltestelle. Verblüffend, wie fein die farblichen Nuancen mit diesen Steinen gesetzt werden können.

10 Uhr 37. In Omelnik sitzt ein Bauer in der Bushaltestelle. Er scheint nicht auf den Bus zu warten, sondern sich im Schatten zu erholen. Denn es ist jetzt

schon sehr heiß. Steinerne Ähren verzieren die Rück-
wand, an die er sich lehnt.

10 Uhr 48. Eine Bushaltestelle aus Wellblech. Ein-
tönig blau gestrichen. Das Dach ebenfalls aus Wellblech. Hinter der Haltestelle steht eine Lagerhalle des
Kolchos, ebenfalls aus Wellblech. Rostflecken auf der
ehemals weißen Außenmauer.

Aber es warten sieben Menschen in der Haltestelle, rechts vier Frauen, links drei Männer. Ich frage, ob
ich sie fotografieren darf. Warum? Wo kommen Sie
her?, rufen sie.

Nur ein junger Mann hat Kopfhörer im Ohr, er
blickt kurz auf und hört dann weiter Musik. Den anderen rufe ich Komplimente zu, ohne groß nachzu-
denken, denn der Moment ist zu kostbar. Besonders
stolz schiebt sich der mittlere der Männer in den Vor-
dergrund, an die Rampe. Ich weiß schon, dies wird
ein besonderes Foto sein.


Hügel und Sonnenblumenfelder. Wieder ganz abgelegene Dörfer. Manzhelilia, Pashenivka, Bynjakivka.
Dann ein Dorf mit dem Namen Druschba, Freundschaft. 13 Uhr 45. Große Spannung, wie wird die Bushaltestelle aussehen? Ich rate: Ein weißes, ein gelbes
und ein schwarzes Kind werden auf einer Erdkugel
tanzen.

Aber nein, ausgerechnet die Freundschaft kann
nicht dargestellt werden. Die Bushaltestelle ist weiß
gestrichen, keine Mosaiken verschönern sie. Das
Schild, auf dem Druschba steht, rostet schon. Wurden die Mosaiken entfernt? Gab es nie welche? Den
Propagandawert dieses Namens wird man doch nicht
verschenkt haben?

Ich stelle mir vor: Sozialistischer Wettbewerb 1973.
Wie gestalten wir unsere Bushaltestelle in Druschba?

Kommissionen werden einberufen, tagen häufig und lange. Schließlich muss der Bau eines solch wichtigen Gebäudes, das sich dieses Namens würdig erweisen soll, sorgfältig geplant werden.

14 Uhr 35. In Zeni wird wieder ein abstrakter Stil gepflegt, ebenfalls in Kukubivka. Schmetterlinge, Blumen, und ein blauer Papierkorb, weil auch die mittlere Säule im gleichen Blau erstrahlt. Hier musste man sich nicht mit schwierigen Fragen plagen, wie in Druschba.

In Demydivka, 15 Uhr 30, hat der Architekt in den Hintergrund der Bushaltestelle ein Toilettenhäuschen eingefügt, das, ebenso wie die linke Außenwand der Haltestelle und der Papierkorb am rechten Rand, in zartem Rosa gehalten ist. Das ganze Ensemble darf als Gesamtkunstwerk gelten.

15 Uhr 42. Nischnije Dikanka, Niederes Dikanka. Der Name steht offenbar in Bezug zu Dikanka, das Nikolai Gogols erstem Erzählband den Namen gab. In der Bushaltestelle warten Großmutter und Enkelin auf den Bus, die Großmutter möchte nicht fotografiert werden, das Mädchen aber schon, denn dann kann sie im Schatten sitzen bleiben. Ein bis unter die Decke reichender Wundervogel beschützt sie mit seinem blauen, steinernen Gefieder.

16 Uhr 11. Dorf Ziganskje – Zigeunerin. Zwei Haltestellen, beide nur unauffällig angestrichen. Ein paar grüne und rote Farbtupfer auf blassem Rosa. Reisender, fahre schnell vorüber und bemerke mich nicht! scheinen sie als Botschaft auszustrahlen.

Trasse Kiev – Poltava, der Autoverkehr ist deutlich stärker. In Poltava werde ich Gast bei Alexander sein, dem Vater einer guten Freundin aus Berlin. Ich lernte Katja auf einem Wolgaschiff kennen, später heiratete sie einen meiner Freunde.

## SKASKA, EIN MÄRCHEN

Katja nennt Deutschland Skaska, ein Märchen. In ihrer Heimat an der Wolga hat sie gelernt, dass die Deutschen Ordnung, Pünktlichkeit und Disziplin lieben. Ihre Großmutter erzählt es so, und auch ihr Großvater, dem nur sie die Haare schneiden darf. Zehn Jahre hat er unter Stalin im »Verbesserungslager« verbracht, weil er Deutscher ist. Nach der Entlassung aus den Goldgruben von Magadan hat er sich einen neuen, sauberen Pass gekauft, in dem die Strafe nicht verzeichnet ist, um gute, ehrliche Arbeit zu bekommen. Er hat den Fälscher mit dem Gold bezahlt, das er aus Magadan herausgeschmuggelt hatte. Weder seine Nationalität deutsch noch seinen deutschen Namen hat er je ändern lassen, allen Nachteilen zum Trotz.
In der Schule lernt Katja das ABC des Kommunismus – bis Gorbatschovs Perestroika der Gültigkeit dieses Alphabets ein Ende setzt. Viele Russen werden jetzt zu Gärtnern, um sich ernähren zu können. Die Kinder der Perestroika, so lautet ein Witz in Russland, erkennt man daran, dass sie als Erste nach Bonbons und Konfekt greifen, denn die Versorgung unter Gorbatschov ist so schlecht, dass es zu wenig Süßigkeiten gibt.
Für Katja zählen die deutschen Tugenden. Sie will ihre Chancen nutzen – mit Fleiß. Ihre Mutter ist noch

als Deutsche in der Schule als »Hitlers Fahrradspeiche« geärgert worden. Heute ist sie Direktorin einer Schokoladenfabrik. Von ihr hat Katja ein beachtliches Organisationstalent geerbt. Als Schülerin schreibt sie ans Deutsche Rote Kreuz, erzählt vom Schicksal ihres Großvaters und bittet um Hilfe. Die Antwort vom DRK kommt als 15-Kilo-Paket, das die Großmutter erst nicht annehmen will, weil sie glaubt, dass es sich um gestohlene Ware handelt. Auch kann sie vor Aufregung ihren Pass nicht finden. Der Großvater bleibt gelassen. »Ich habe so viel gelitten für diese Nationalität; ich soll doch Kompensation haben«, sagt er. Er ist ein Aristokrat in seinem Herzen, nur die teuersten Birnen isst er. Wenn es diese nicht gibt und das Geld nicht reicht, dann bitte keine.

Katja studiert die deutsche Sprache und Literatur in Samara und wird eine der besten Studentinnen. Auch hier loben die Dozenten die Tugenden der Deutschen. Aber es werden auch Zweifel geäußert. Fast alle Lehrer haben schon an Weiterbildungsprogrammen in Deutschland oder mit Deutschen teilgenommen. Die Deutschen können besser organisieren als wir, sagen sie, aber sie müssen alles zwanghaft planen.

Endlich kann Katja die Deutschen kennen lernen. Sie studiert ein Semester an einer deutschen Universität. Zu ihrer Überraschung hat sie den Eindruck, dass ihre Ausbildung in Samara anspruchsvoller war als das, was deutschen Germanistikstudenten geboten wird. Die Prüfungen seien ehrlicher in Russland, man müsse mehr auswendig lernen, erzählt sie. Die Grammatikkenntnisse seien genauer.

Bald nach dem Studium heiratet Katja, siedelt nach Berlin über, sammelt ihre ersten Erfahrungen mit der Integration. Ihr Mann lebt zwar in Berlin, ist aber kein Deutscher, sondern Däne. Deshalb bekommt sie nach ihrer Hochzeit die Aufenthalts- und Arbeitsgenehmigung für Deutschland recht schnell. Sie meldet sich beim Jobcenter als Arbeitssuchende an. Sie will kein Geld von der Behörde, nur Arbeit. Seit diesem Tag lacht sie viel über Deutschland. Skaska, ein Märchen.

Das Jobcenter schickt Katja zur Ausländerbehörde, die Ausländerbehörde schickt sie zum Jobcenter. Acht Wochen lang. Der Sachbearbeiter beim Jobcenter ist der Meinung, sie habe keine gültige Arbeitserlaubnis, die Arbeitsvermittlung wird abgelehnt. Die Dame bei der Ausländerbehörde ist der Meinung, sie habe eine gültige Arbeitserlaubnis.

Die Arbeitserlaubnis heißt allerdings nicht Arbeitserlaubnis. Die Arbeitserlaubnis würde Arbeitserlaubnis heißen, wenn Katja einen Deutschen geheiratet hätte. Als Frau eines Dänen aber sei sie innerhalb der EU arbeitsberechtigt. Also auch in Deutschland. Deshalb erhält sie zwar eine Arbeitserlaubnis, aber nicht in Form einer Arbeitserlaubnis. Nur einen Stempel bekommt sie in den Pass, »lt. Freizügigkeitsabkommen«. Die Mitarbeiter im Jobcenter kennen aber kein »Freizügigkeitsabkommen«. »Polen brauchen doch auch ein spezielles Papier!«, sagen sie. »In freier Form kann ich Ihnen keine Erklärung schreiben«, erklärt man Katja bei der Ausländerbehörde, »und Formulare gibt es für solch eine Erklärung nicht.«

Einig sind sich die Mitarbeiter beider Behörden nur darin, dass Russland zu den neuen EU-Ländern gehöre. Bürokarten als Utopisten. Etwas Großes, Dunkles aus dem Osten ist dazugekommen.

In Russland helfe in solchen Fällen Korruption, sagt Katja. Persönliche Vorsprachen, Telefonate, Briefe. In Deutschland hilft nichts.

Um ihre Arbeitserlaubnis zu erhalten, soll Katja zu guter Letzt noch zur Gesundheitsbehörde gehen. Dort wird ihr – auch ohne Untersuchung – ein guter Gesundheitszustand bescheinigt.

Mittlerweile hat Katja ohne die Hilfe der Behörden sieben Jobangebote bekommen. Doch auch den Firmen kommt ihre Arbeitserlaubnis »lt. Freizügigkeitsabkommen« nicht geheuer vor. Und niemand will Katja illegal beschäftigen. Die Ausländerbehörde ist theoretisch bereit, den Firmen die Gültigkeit der Arbeitserlaubnis telefonisch zu bestätigen, jedoch sind die Apparate der angegebenen Nummern dauernd besetzt.

Schließlich findet Katja den passenden Gesetzestext selbst im Internet. So kann sie im Bewerbungsgespräch bei einer Handy-Firma glaubwürdig darlegen, im Besitz einer gültigen Arbeitserlaubnis zu sein.

Sie verkauft nun Klingeltöne fürs Handy. Sie liebt diese Arbeit, weil sie Kreativität und Genauigkeit verlangt. Sie muss die neuesten Popsongs, Slangs und Moden kennen, wenn sie viele Klingeltöne verkaufen will. Katja ist für Länder in Osteuropa zuständig, auch dort gibt es Leute, die Klingeltöne kaufen. Das Arbeitsklima in ihrer Firma gefällt ihr so gut, dass sie auch das firmeneigene Fitness-Center nutzt. Junge Leute aus der ganzen Welt arbeiten zusammen!, schwärmt sie. Sie muss Werbetexte formulieren, mit Filmfirmen und Fernsehsendern verhandeln. Man arbeitet im Team und arbeitsteilig, so dass jeder aufgeweckte junge Mensch schnell eingearbeitet werden kann.

Etwas überrascht ist Katja, als sie bei einer Bank ein Konto eröffnet. Die Angestellte erklärt ihr: »Wenn ich keinen Job hätte, würde ich gegen Firmen wie

Ihre auf der Straße kämpfen! Für die Bank aber sind Sie ein guter Kunde!« Eine rote Bankerin, wundert sich Katja, auch das gibt es in Russland nicht.

Katja findet ihren eigenen Lebensweg nicht komisch. Wenn sie aus dem Bürofenster guckt, sieht sie die Gebäude, in denen früher die Regierung der DDR und das ZK der SED tagten. Aus Ideen wurden Märkte, das stimmt schon. Mit Lenin begann das Lernen, und jetzt verkauft sie eben Klingeltöne.

## POLTAVA, 18 UHR

In jeder Seitenstraße, hinter jedem zweiten Gebüsch, stehen zivile oder uniformierte Aufpasser. Die Zivilen fallen durch ihre Tarnung auf, sogar im Straßengraben liegen welche. Hat ein Putsch stattgefunden? Werden Alkoholkontrollen durchgeführt? Wird ein Serienmörder gesucht?

Katja meinte, ich könne ihren Vater anrufen, er werde mich mit dem Auto abholen. Er arbeitet als Leiter einer Tankstelle. Sein Haus liegt im Osten der Stadt, Poltava hat 300000 Einwohner.

Drei Milizionäre stehen am Straßenrand, ich frage den Dienstältesten, zeige ihm die Adresse. Zumindest die grobe Richtung kann er mir erklären. Es sei aber noch weit, am anderen Ende der Stadt.

Warum sind so viele Milizionäre auf den Straßen?

Das ist nur heute so, meint er.

Wie tröstlich.

Zum Abschied will er wissen, wo ich herkomme.

Molodez, Teufelskerl!

Weiter auf der Hauptstraße. Zu beiden Seiten Mietskasernen. Die häufigsten Geschäfte auch hier – die für Mobiltelefone, Bankfilialen und Schuhgeschäfte.

Es ist heiß, ich möchte etwas trinken. Kvas ist jetzt das Richtige. Ein Brotgetränk, das leicht säuerlich schmeckt, den Durst aber besser löscht als Limonaden oder Cola.

Die Verkäuferin hinter dem typischen gelben Kvas-Wagen erzählt, Janukovitsch, der Ministerpräsident, sei in der Stadt. Wenig später fährt die Wagenkolonne des hohen Gastes an mir vorbei.

Die Frau kann mit meiner Adresse nichts anfangen, sie kennt den Straßennamen nicht. In der Nähe steht aber ein Taxi, ich frage den Fahrer. Er fertigt mir eine Zeichnung an, erklärt die markanten Punkte – Autobahnbrücke, Kirche, Kaufhaus. Er bezweifelt aber auch, dass ich ankommen werde.

Es ist jedoch gar nicht schwer, weil seine Beschreibung so genau ist. Nach Charkow und Donezk will ich nicht, also führt mich die dritte Abzweigung ins richtige Stadtviertel. Und der nächste Fußgänger, den ich anspreche, kennt auch die richtige Straße.

Donnerstag – Montag
14. Juni –18. Juni 2007, Poltava

Erstes Ziel erreicht, viel schneller als geplant. 2200 Kilometer, drei Wochen Fahrzeit, fünf Ruhetage. Alberne Fakten. Kein Sturz, keine Panne. Siebenundsechzig Bushaltestellen umfasst meine Sammlung bisher. Eigentlich sollten sie von der UNESCO geschützt werden, meine ich. Sie haben Ruinenwert und sind belebte Orte der Geschichte.

Die Pause tut gut. Eine Badewanne! Ein voller Kühlschrank! Und rote Johannisbeeren im Garten! Alexander schmecken sie nicht, ich kann mehrere Sträucher leer essen!

Alexander stammt aus Poltava, vor seinem Geburtshaus stand im Krieg ein deutscher Panzer. Er begrüßt mich als Freund, obwohl wir uns in Berlin nur einmal sahen und ich damals nicht sehr gesprächig war.

Er ist ein großer Elvis-Fan, den er, selbst ein begabter Sänger, erstaunlich gut imitiert. Er dreht die Musik so laut auf, dass die Katze sich unterm Sofa verkriecht. Rolling Stones, Beatles, klassischer Rock sind seine Leidenschaft. Auch Romanzen singt er gern, er begleitet sich auf dem Keyboard.

Ich spiele oft mit Schneider, Alexanders deutschem Schäferhund. Schneider ist ein Tyrann, aber ein liebenswerter. Er will immerzu spielen. Spielen heißt: Ich soll ihm hinterherlaufen, ihm das Beißholz aus dem Maul reißen, das er mir dann wieder wegschnappen möchte – und dies bitteschön stundenlang! Denn die Sonne scheint, Schneider ist zwei Jahre alt, er möchte zeigen, was er kann, und gelobt werden.

Von Alexanders Haus ist es ein Fußweg von dreißig Minuten bis ins Zentrum. Der Boulevard dürfte einer der schönsten in der Ukraine sein. Die hohen klassizistischen Bauten könnten wohl auch in Wien oder in Berlin stehen, sagt mein laienhafter Blick auf die Gebäude. Das Gogol-Theater nimmt einen prominenten Platz ein. Nikolai Gogol wurde nicht weit von Poltava geboren.

Berühmt ist die Stadt, weil Peter I. 1709 hier die Schweden besiegte. Jedoch verlor er sein Fernglas, es fiel während der Schlacht in den Fluss. Vorskla, Die-das-Glas-stahl, heißt der Fluss deshalb bis heute.

Nachmittag im Biergarten. Ein Mann ohne Beine schiebt sich auf seinem rollenden Brett an den Eingang. Ich will sowieso ein neues Bier holen, so spendiere ich ihm auch eins, gebe noch eine Tüte Trockenfische dazu. Nun rollt er hinter mir her an meinen Tisch. Das Pärchen neben uns rutscht zur Seite, naserümpfend. Tatsächlich riecht mein neuer Freund nicht gut. Eifrig redet er auf mich ein. Als Deutscher müsse ich doch die Lieder der Gruppe Rammstein mögen. Dass dieser tapfere Krieger den deutschen Edel-Rock liebt, überrascht mich dann doch. Er verstehe die Texte nicht, gesteht er, aber sein Herz fühle die Worte. Nach einer Höflichkeitspause verabschiede ich mich.

Drei Straßen weiter wurde das Denkmal Peters I. mit gelber Farbe bespritzt, insbesondere das zaristische Wappen. Eine Frau von der Stadtreinigung muss es putzen. Sie schimpft: »Jawohl, fotografieren Sie diesen Skandal!« Es ist heiß, die Arbeit ist schwer.

Abende auf dem Vorwerk von Poltava (Nähe Dikanka) sehen so aus: Alexander sagt, heute trinken wir keinen Alkohol. Ich bestätige dieses Vorhaben. Pavel, der Nachbar, ruft über den Zaun: Wollen wir trinken? Wir bestätigen es.

Zunächst und nebenbei lerne ich aber die Unterschiede zwischen dem ukrainischen und dem russischen Stil kennen. Pavel ist nämlich Russe, Alexander Ukrainer, und Pavel möchte einen Sonnenschutz bauen, dafür braucht er Alexanders Hilfe (bzw. er liebt die Gesellschaft). Pavel hat schon mittelstarke Pfähle in den Boden gestemmt, nun will er die Ruten verflechten, die er zuvor zurechtgeschnitten hat. Aber sie sind zu steif, sie eignen sich nicht zum Flechten. Alexander, der das schneller erkennt als Freund Pavel, kritisiert bald nur noch Pavels vergebliche Bemühungen, eine Wand zu errichten.

Ich bin ein Maximalist!, ruft er. Das ist falsches Holz! Du hast die falschen Bäume!

Doch Pavel ist stur, er trinkt noch ein Gläschen, dann sehen die drei Ruten zwischen den Pfählen schon fast wie eine Wand aus.

Das ist eben russischer Stil!, ruft er. Mir gefällt es!

Das kann dir nicht gefallen!, ruft Alexander. Das ist kein Stil!

Dann ist eben der russische Stil kein Stil!

Ich fotografiere die beiden und ärgere immer denjenigen, der den Streit gerade beenden möchte.

Wie ist der ukrainische Stil, Alexander, zeige es noch mal, bitte!

Was macht man nicht alles für ein gutes Foto.

Und noch ein Gläschen, und Luda, Pavels Frau, hat auch ihren Spaß, sie freut sich schon auf die schattigen Stunden.

Je später der Abend, desto trunkener die Gäste – so auch die Hofkatze im Spiel mit der Maus.

Pavel war bis vor 15 Jahren Oberstleutnant bei den sowjetischen, später ukrainischen Raketentruppen. Er war für die Einsatzbereitschaft von 18 Langstreckenraketen verantwortlich. Auf Nachfrage versichert er, dass seine Raketen keine westlichen Städte treffen, sondern andere Raketen abschießen sollten. Pavel ist ein Trinker vor dem Herrn, er liebt den Wodka, und der Wodka liebt ihn. Aus einem Wetttrinken im ukrainischen Fernsehen ging er als Sieger hervor, erzählt er stolz. Für die Heimfahrt danach allerdings benötigte er ein Taxi.

Scharik, dem Hofhund, scheint das gar nicht zu gefallen, er jault und zerrt an der Kette.

Am nächsten Abend, oh Wunder, steht aber wirklich eine Sonnenwand auf dem Hof, wie auch immer es geschah. Und nun kann Alexander aber mal sehen, wie russischer Stil aussieht!

18 – Dienstag, 19. Juni 2007
Poltava – Karlivka – Poltava
125 km (2 335)

Nur ein Tagesausflug, die Umgebung erkunden. Ich bin mir unschlüssig über die nächsten Ziele. Ich will bald ans Asovsche Meer, nach Berdjansk, Luftlinie sind es vielleicht sechshundert Kilometer. Andererseits war ich noch nicht in Dikanka, dort soll ein Gogol-Museum sein.
Schwächling. Zigaretten geraucht.

In Mashivka wurde das Lenin-Denkmal vergoldet, passend zum kapitalistischen Zeitalter. Gleich neben der Lenin-Skulptur steht eine renovierte orthodoxe Kirche. Vladimir Iljitsch blickt den Betrachter an, als käme er von einem Osterspaziergang, ungewollt feierlich und onkelhaft.

Alexander meinte, in Poltava werden die Lenin-Statuen nicht beseitigt, um die Kommunisten nicht unnötig zu verärgern. Auf etwa zehn bis zwanzig Prozent schätzte er ihren Anteil unter den Einwohnern, vor allem ältere Menschen.

## 19 – MITTWOCH, 20. JUNI 2007
## POLTAVA – GOGOLOVE – POLTAVA
## 140 KM (2 475)

Gogol-Tag. Ich fahre nach Dikanka. Vierzig Kilometer sollen es sein, schätzt Alexander. Ich gönne mir den Luxus, das Gepäck im Haus zu lassen. Die Sonne scheint, ich trage kurze Hosen.

Es geht nach Norden, aber ich finde die Ausfahrt aus Poltava nicht. Eine Straße endet als Sackgasse zwischen Schilfrohren, nur Angler verirren sich hierher. Dann ein Viertel von Neureichen, jedes Haus ist von einer hohen Mauer geschützt, oft sind nur die Dächer der Trutzburgen zu sehen.

Ich finde einen Waldweg, nehme eine Abkürzung über den nächsten Berg. Ein Pfad führt über Wiesen, zwei wilde Hunde laufen neben mir her, sie schnappen nach meinen Füßen, bellen wütend und schrill. Ich scheine der erste Fahrradfahrer zu sein, dem sie begegnen. Stimme hilft nicht, ich greife nach der Luftpumpe und schlage nach dem Fabelwesen zu meiner Rechten, halb Spitz, halb Bullterrier, rote Flecken glänzen in seinen Augen. Ei, genau auf die Schnauze!

Das tut mir leid, guter Freund, aber Ihr wolltet der Warnung nicht Folge leisten!

Er bleibt einige Meter zurück und glotzt doof.

Der Linke ist ein Stinker, eindeutig aus der Klasse der Proletarier, ein Wüstling und Draufgänger. Aber das Ziel, welches er fassen möchte, dreht sich. Er muss sich fühlen wie ein Borderliner, der nach sicheren Aussagen sucht, zwischen Schlag mich! und Ich fresse dich! macht er keinen Unterschied mehr.

Mit links saust der Schlag ins Leere, wie befürchtet. Der nächste ebenfalls. Doch die Drohungen wirken, er bleibt zurück.

Am Horizont die Trasse Richtung Norden.

In Dikanka ist kein Gebäude zu entdecken, das einem Museum ähnelt. Schattiger, freundlicher Park im Zentrum, ein trostloser, eingezäunter Marktplatz. Der Himmel ist bewölkt, es wird kühler.

In einem Restaurant setze ich mich auf die Veranda, bestelle Borsch und Spiegeleier, Kartoffeln, Krautsalat. Okroschka, die kühle Sommersuppe, ist leider nicht im Angebot. Ich ziehe die Regenjacke an. Am Nachbartisch feiern vier Frauen einen Geburtstag. Sie trinken Sekt, essen kalte Salate. Keine weiteren Gäste.

Erneute Suche nach dem Museum. Trotz freundlicher Auskünfte der Passanten finde ich nur ein Museum für Malerei. Eine Gogol-Gesellschaft tagt hier regelmäßig, Fotos an den Wänden zeigen es, die Frau an der Kasse erklärt es. Die Bilder zeigen Gogol zumeist blutleer, als eine Strichgestalt wie Kafka.

Noch mehrmals fahre ich an dem gesuchten Museum vorbei. Es gleicht von außen einem Verwaltungsgebäude. Die Ausstellung über Gogol scheint sich ihrer selbst zu schämen. Das hätte dem Autor vielleicht gefallen. Ein paar Fotos, mehr gibt es nicht zu sehen. Tonscherben und Bastarbeiten heimischer Bauern sind noch zu besichtigen.

Das eigentliche Museum, erfahre ich hier, liegt in Gogoleve, dem Geburtsort Gogols. Fünfzehn, vielleicht zwanzig Kilometer sei das Dorf entfernt, so die Auskunft.

Der Karte nach sind es etwa vierzig Kilometer. Ein paar Regentropfen fallen. Jetzt vermisse ich doch die langen Hosen. Scharfer Gegenwind, hügelige Landschaft, lange Abfahrten, lange flache Strecken.

Vor Dikanka steht eine der schönsten Bushaltestellen, die ich bisher sah. Ein Storch füttert seine Jungen, schiefe, naive Häuser, die einen Hügel runterfallen, Fledermäuse, groß wie Drachen – alles in bunten Steinen an die Wand geklebt! Hässliche, blaue Betonplatten als Dach, das Echtheitszertifikat gewissermaßen.

Nicht zu glauben. Wieder zwei Haltestellen, die einfach von sensationeller Schönheit sind, gleich hinter Dikanka. Gogols Seele scheint in den hiesigen Bushaltestellen-Künstlern auferstanden zu sein. In der ersten Haltestelle wurden fliegende Störche verewigt, die zweite ist abstrakter gestaltet, einzelne Vögel fliegen durchs Bild, doch es bezaubern die Farben. Schneeweiß mischt sich mit Meerblau, ein Bonbongrün verschönert das Dach.

Dieses Wunder steht auf einem ukrainischen Acker, und nicht im Museum of Modern Art in New York! Eine Kultur der Verschwendung inmitten des Mangels.

Gogol hätte Fahrrad fahren sollen, statt sich zu Tode zu hungern (er nannte es Fasten). Das Publikum war ihm fremd geworden, außerdem erschien ihm das eigene Werk peinlich. Ein Priester bestärkte ihn in der Auffassung, dass sein Schreiben Sünde gewesen sei.

Gogoleve erstreckt sich über mehrere Kilometer, die Häuser liegen weit auseinander. Auch hier kein

Hinweisschild auf ein Museum. Es ist kalt, es regnet. Auf dem zentralen Platz sprießt das Gras zwischen Betonplatten. In zwei Bauwagen werden Bonbons und Kekse verkauft. Ich möchte mich aufwärmen, heißen Tee trinken.

Die Bar neben dem Geschäft ist leer, der Fernseher läuft, auf dem Tresen steht ein Teller mit Fischbuletten. Ein Porträt von Gogol reicht bis unter die Decke. Gogol blickt scharf und konzentriert zur Seite, als wolle er sich Zahnschmerzen nicht anmerken lassen.

Eine Frau kommt über den Platz, die Bedienung. Ich bestelle einen Tee. 16 Uhr. Ich muss noch siebzig Kilometer zurückfahren.

Das Museum soll aber in der Nähe sein, meint die Frau.

Tatsächlich, Museum gefunden. Ein Gutshaus in einem gepflegten Park. Man bietet mir eine Führung an, ich bin der einzige Besucher. Drei Frauen hoffen auf Arbeit. Doch ich möchte mir die Räume vorerst allein ansehen.

Einige Möbelstücke sind im Original erhalten, so das Bett, in dem Gogols Mutter schlief. Ich streichele es im Vorbeigehen. Manuskriptblätter hinter Glas an den Wänden. Steile, strenge Buchstaben, hastig und diszipliniert geschrieben, viele Korrekturen.

Die Frau vom Museum folgt mir, wir kommen nun doch ins Gespräch. Im Park eine Büste von Gogol, auffallend die knochigen Hände, die spitze Nase.

Ich möchte aus meiner Staatsbürgerschaft austreten, ein Schweigegelübde ablegen und hier Gärtner werden.

Es gibt keine Abkürzung nach Poltava, ich muss auf der gleichen Strecke zurück. Es regnet wieder,

der Himmel ist schwarz. Auf den Abfahrten fast 60 km/h. Heftiger Wind von vorn, Schweiß und Regenwasser mischen sich. Berghoch steige ich aus dem Sattel, ich will Kilometer schaffen, um nicht in der Nacht anzukommen.

Nach zweieinhalb Stunden Ankunft am Stadtrand von Poltava, nass, verfroren. Eine Stammkneipe habe ich inzwischen auch, nicht weit vom Basar. Das Essen ist billig und gut. Gebratene Leber, Püree, Salat, Kaffee und Apfelsaft für umgerechnet drei Euro. Die Köchin allerdings kann sich solch ein Gericht nicht leisten. Sie verdient nur zwei Euro fünfzig am Tag.

Wie bei jedem meiner Besuche setzt sich die Inhaberin zu mir an den Tisch. Sie klagt mir ihre Sorgen. Ein Gast hat am gestrigen Abend eine hohe Zeche geprellt. Jedes Gespräch ist kostenloser Russischunterricht.

## DONNERSTAG – SONNTAG
## 21. JUNI – 24. JUNI 2007, POLTAVA

Ruhetage mit schlechtem Gewissen. Sinn und Zweck
meines Daseins ist das Fahrradfahren, nicht das Flanieren.

Doch Alexander ist ein charmanter Gastgeber,
auch Luda und Pavel möchten jeden Abend fröhlich
sein. Nachdem wir den Tag der Krankenschwester,
den Tag des Fahrradfahrers, den Tag des Feuerwer-
kers und den Tag des Buchhalters kräftig gefeiert haben, lege ich endgültig den Tag meiner Abreise fest.

Aber je länger ich bleibe, desto herzlicher fallen
die Verabschiedungen aus. Vor allem Pawel hat mich
in sein Herz geschlossen. Der Genosse Oberstleutnant spielte in einer Schulband, er war ein echter
Rock 'n' Roller! Auch später als Offizier sammelte er
Elvis- und Stones-Kassetten. Das wäre in der DDR-
Armee verboten gewesen. Ein Beispiel, an dem sich
zeigt, was Imre Kertész meinte, als er schrieb, die
DDR sei eines der nach innen missgünstigsten Länder gewesen, die er jemals bereist habe.

Es gibt offenbar Leute, die in mir ein Vorbild für die
Jugend sehen. Ein »Alumni-Team« aus Wernigerode
bittet per E-Mail, mein Foto in einer Schule aufhän-
gen zu dürfen, da ich aus der Region stamme und
»offenbar eine erfolgreiche berufliche Entwicklung
hinter mir« hätte.

Das Alumni-Team besteht aus Menschen ohne
Namen. Es handelt sich um eine seriell erstellte E-
Mail, sie ist an mehrere künftige Vorbilder gerichtet.
Womöglich hat den Brief eine Maschine verfasst. Die
Anfrage enthält auch die Drohung, dass ich, falls ich

nicht antworte, zwangsweise zum Vorbild für die Jugend ernannt werde.

Alumni-Team? Wer denkt sich solche Worte aus, die jedes Sprachgefühl beleidigen? Zum ersten Mal höre ich dieses Wort, ohne zu ahnen, wie weit es verbreitet ist. Es klingt genauso anbiedernd wie sozialistische Brigade, ein Begriff aus der Sphäre kollektiver Selbsthypnose. Es sind die Formen, die prägend wirken, nicht die Aussagen.

Schmerzhafte Erinnerung: Mein Schulgarten-Unterricht 1973: Radieschen im Namen von Frieden und Sozialismus säen. Harke präsentiert! Gerade Reihen bitte! Denkt dran, Kinder, wir leben unter Beobachtung des Klassenfeindes!

Die Schule stand in Sichtweite der Grenzzäune und der Minenfelder. Die Amerikaner hatten ABHÖR-ANLAGEN aufgestellt, mit unseren Stimmen wur-

den die Hörproben durchgeführt, die Frequenzen
reguliert. – Man stelle sich vor, die Bergbauern aus
Clausthal-Zellerfeld wären 1707 in der Lage gewesen, den Familiengesprächen in Schierke zu lauschen
– welche Angst hätten die Leute damals voreinander
haben müssen? Sie trieben kilometerlange Stollen in
die Erde, um Erz zu graben, gebückt, oft waren es
Kinder, die diese Arbeit tun mussten. Schulgartenun-
terricht war nur körperlich gesünder.

Suche im Internet: Wie oft wirft die Maus Junge? Wi-
kipedia meint, bis zu acht Mal im Jahr. »Die Haus-
maus ist ein Kosmopolit«. – Grund für die Suche:
Gogol antwortete auf die Frage, warum er so selten
veröffentliche: Nur Mäuse gebären oft.

## 20 – MONTAG, 25. JUNI 2007
### POLTAVA – LYCHKOVE, 116 KM (2591)

Richtung Süden, ans Meer, in den Urlaub! Kilometerlange Sonnenblumenfelder. Staubiger, sandiger Boden. Manchmal Waldwege. In den Dörfern viele Ziegen, fast vor jedem Haus Enten. Am frühen Mittag in Andrijivka, dann kommt das Dorf Nechvoroscha, dann Kotovka.

Immer wieder bin ich erstaunt, wie sich die Leute freuen, mich zu sehen. Allein indem ich da bin, bringe ich Freude, ungewohnte Erfahrung. Es wird als Kompliment für die Ukraine aufgefasst, dass sich ein Westler mit dem Fahrrad durch das Land traut, und dementsprechend will man beweisen, dass er sich nicht fürchten muss.

Eine Kirche wird renoviert, ich schwatze mit dem Handwerker, er schimpft über seine Bezahlung.

Dreißig, vierzig Kilometer an einem Kanal entlang.

Keine schönen Bushaltestellen gesehen. Nur zwei schändliche Ruinen. Ihre Gestaltung diente bestimmt der Planerfüllung.

Ich habe noch Kopfschmerzen von vorgestern, vom Abschiedsbesäufnis mit Luda und Pavel. Mitternacht waren wir alle drei ziemlich blau. Alles hatte so harmlos begonnen. Wir besuchten eine Aserbaidschanerin, die seit langem in Poltava lebt und ein Bierzelt betreibt. Natürlich mussten wir auf dem Heimweg noch eine Flasche Wodka kaufen und Alexander wecken, der ebenfalls einen schweren Abend gehabt hatte. Er hatte auf einer Feier zum Tag des Buchhalters zwei Romanzen gesungen, anschließend im Kreise der Buchhalter gefeiert.

Zwanzig Kilometer nur Pflastersteine, ruiniert von Pferdewagen und Traktoren. Doch die Sonne scheint, und die Landschaft ist ein Augenschmeichler. Die Felder werden immer wieder von Baumreihen durchbrochen.

Ich fahre durch ein Dorf, Lychkove, da fällt mir eine Wasserflasche vom Gepäckträger. Der Knall ist ziemlich laut, hinter dem nächsten Gartenzaun bellen wütend zwei Hunde. Der Haus- und Hundebesitzer kommt angelaufen, fragt, was passiert sei. Er sieht, dass in der Wasserflasche ein Loch ist, läuft augenblicklich ins Haus, holt eine neue Flasche und schenkt sie mir. Ich habe seine Fragen noch gar nicht alle beantwortet, da zieht er mich in den Hof, ich müsse unbedingt etwas essen, er zieht mich in die Küche, Bitte setzen! – Schon braten Eier und Speck in der Pfanne. Seine Frau kommt aus dem Garten, sie hat die Schweine gefüttert. Sie arbeitete ihr Leben lang als Köchin, er als Kraftfahrer in einer nahen Fabrik.

Ich werde eingeladen, wenigstens eine Nacht zu bleiben. Wieder steht das Wässerchen auf dem Tisch, Eier und Speck dampfen. Nur 116 Kilometer gefahren.

Vladimir, mein Gastgeber, erzählt begeistert von seinem früheren deutschen Chef, einem Herrn von

Schulenburg, der offenbar ein feiner Mensch war, ehrlich, pünktlich, höflich.

Die Katze bekommt Prügel, als sie sich dem Gasherd nähert, Vladimir schlägt mit der Fliegenklatsche, pfeift und brüllt. Im Hof grunzen Elite-Schweine, nicht unähnlich denen, die Hannibal Lector verspeisen sollten.

Es wird ein feuchter Abend. Wir besichtigen die frühere Teerfabrik. Unter Breschnev sei die beste Zeit gewesen, erzählt Vladimir. Jeder habe Wohnung, Essen, Arbeit gehabt, Konflikte seien kollegial gelöst worden. Viele der älteren Leute seien dieser Meinung. Die Räuber-Mentalität von heute verschrecke sie.

Spät am Abend ruft Vladimir mehrere jüngere Frauen an, von der Idee besessen, ich müsse hier heiraten. Proteste helfen nicht, ich spiele die Komödie mit.

Im Fernsehen ein Bericht über einen Fassadenkletterer, der aus Frankreich angereist ist, um in Kiev ein Bankgebäude hochzusteigen.

Solch ein Held bist du auch!, meint Vladimir.

So sind die Ukrainer, sie übertreiben gern.


## 21 – Dienstag, 26. Juni 2007
## Lychkove – Yrivka, 123 km (2 714)


Schwerer Kopf, die Einladungen sind wirklich gefährlich. Der Anblick der Landschaft tröstet wieder. Kleine, versteckte Seen. Die Dörfer wirken am Morgen ehrlich.

Aufregend: Wie wird das nächste Magazin aussehen? Das Magazin kann ein hochmodernes Geschäft mit weißen, geschichtslosen Regalen und aufwendig gestalteten Werbeflächen sein. Es kann einem Museum gleichen, mit Schränken und Sesseln aus der Vorkriegszeit. Oft werden Gartengeräte oder Kleidung im gleichen Raum verkauft, Sitzecken laden zum Bleiben ein. Manche Geschäfte werden im Winter mit Kachelöfen geheizt. Der Raum kann dunkel sein, weil der Strom ausgefallen ist, die Fenster mit Regalen verstellt wurden oder es gar keine Fenster gibt. Ich kaufte mein Brot schon im Kerzenschein. Wenn Strom vorhanden ist, sind allerdings fast überall Klimaanlagen angestellt.

Mein erster Blick ist auf die Kühlschränke gerichtet. Trinken! Möglichst kalte Obstsäfte, Kirsche, Banane, Apfel. Wasser natürlich. Das einzige kalte Getränk jedoch, das es immer gibt, ist Bier. Zu den Normalgrößen zählen auch 3-Liter-Flaschen.

Für längere Pausen und wenn ich die Trinkflaschen am Fahrrad auffüllen möchte, kaufe ich 3-Liter-Gläser Kirsch- oder Apfelsaft. Sie kosten meist 9–18 Griwna, 1,20–2,20 Euro. Und sie schmecken so, als hätte die Verkäuferin sie mit Früchten aus dem eigenen Garten gepresst.

Nicht minder spannend: die Kulturhäuser mit ihrer Mischung aus Stolz, Naivität, Angeberei und Sehnsucht nach heiler Welt. BUDINOK KULTURI steht über dem Eingang der meisten Häuser, auch über dem von Lychkove. Budka, das Wartehäuschen, Budni, Alltag, verrät das Wörterbuch. Bud heißt bauen.

In solchen Häusern durfte die Kunst ihre Unschuld proben – mit Tanz, Klavierspiel und Kinderchören.

Im Heimatmuseum von Saratov wird überzeugend dargestellt, wie kleinbürgerlich die utopischen Wünsche waren. Dort ist ein zwei Meter hoher Blechstern auf ein rotes Tuch genäht, mit goldenen Stickereien am Rande. Nähzirkel und Blechorden, das war der Kommunismus.

Mir fehlt nichts. Wasser bekomme ich überall. Ich verstehe gar nicht, dass sich Menschen streiten können, die in Wohnungen mit fließendem Wasser leben.

In diesem Rayon wurden die Bushaltestellen mit Kacheln verziert, nicht mit Mosaiken. Entsprechend eingeschränkt sind die Gestaltungsmöglichkeiten. Man scheint Dienst nach Vorschrift geleistet zu haben. Schade, liebe Genossen! Ihr habt eine wichtige Chance im sozialistischen Wettbewerb verschenkt! Die Genossen in Poltava haben gezeigt, welchen Frohsinn die sozialistischen Bauwerke ausstrahlen können!

Naive Kritik am Sozialismus: Der Sowjetunion fehlten die technischen Möglichkeiten, dieses »Sys-

tem umzusetzen«. Klar, Mobiltelefone und Mini-
Kameras sichern die Freiheit. Hätte Stalin über die
heutige Überwachungstechnik verfügt – da möchte
man gar nicht weiterdenken.

123 Kilometer gefahren. Endlich kann ich wieder im
Wald schlafen, das heißt in einem Baumstreifen zwischen Maisfeldern bei Yrivka.

Im letzten Dorf standen zwei Magazine nebenein-
ander, beide mit nahezu gleichem Angebot, beide
Verkäuferinnen geben beim gleichen Lieferanten ihre
Bestellungen auf. Die Lieferanten waren gerade da,
ein etwa fünfundzwanzigjähriger Mann in weiblicher
Begleitung, ein Pärchen wie Bonny und Clyde, bloß
war für sie das Bestellformular die Pistole.


22 – MITTWOCH, 27. JUNI 2007
YRIVKA – VELIKOOLEKSANDRIKA
67 KM (2781)


Kein guter Tag. Schmerzen in der Brust, beim Atmen. Außerdem Durchfall, ich muss mehrmals ins
Gebüsch. Vielleicht habe ich mich gestern auf den
langen Abfahrten verkühlt. Vielleicht habe ich in der
Nacht verspannt geschlafen, der Boden war hart.

In Pavlograd fahre ich kurz auf den Markt. Ein
Mann aus Baku spricht mich an und warnt mich, hier
sei es gefährlich. Er will mir Kartoffelchips verkaufen, die Information ist gratis.

Ja, ja, sehr gefährlich zwischen Eis leckenden Kindern und Babuschkas, die Mohrrüben verkaufen.

Nein, abends, meint er.

Abends spreche ich nur mit Vögeln.

Nun will er mir eine Tüte Chips schenken, mindestens eine, besser einen ganzen Sack voll.

Er lebt schon zwanzig Jahre in der Stadt. Eine andere Arbeit als die des Chip-Verkäufers kann er nicht finden, erzählt er.

Es wird wohl kaum das richtige Mittel gegen meine Magenschmerzen sein.

Auf Mitte fünfzig schätze ich ihn, doch er sagt: Vierundvierzig. Mich schätzt er auf dreiunddreißig.

Manche Dörfer ziehen sich mehrere Kilometer hin, so auch Velikooleksandrika. Der Himmel verdunkelt sich wieder, ein Gewitter zieht auf. Es ist erst Nachmittag, ich werde im nächsten Wald verschwinden, die Muskeln entspannen, lesen, essen, diktieren. Heftiger Platzregen. Dann endlich ein breiteres Waldstück. Ich dusche mit Regenwasser und mit Brunnenwasser aus der Flasche. Den Zeltboden muss ich erst mal trocknen, bevor ich den Schlafsack ausbreite. Ein Festmahl: Tomatensalat. Die Tomaten schmecken so, wie sie heißen, nicht wie feuchte Servietten. Draußen toben sich die Gewalten aus.

23 – Donnerstag, 28. Juni 2007
Velikooleksandrika – Guljaipolje
88 km (2 687)

Keine Bauchschmerzen mehr. Zwölf Stunden geschlafen. Die ersten Tritte auf dem Fahrrad, der Hintern schmerzt. Am Maisfeld vorbei auf die Straße. Die Stämme der Alleebäume sind weiß gestrichen. Ein Bauer treibt zwei Kühe in den Straßengraben,

pflockt sie an. Er grüßt mit der Hand an der Mütze,
ich tippe an meinen Helm.

Es geht gleich bergab, ich ducke mich, lasse mich
ins schattige Tal rollen, bremse vor der Kurve leicht
ab, erreiche immer noch 45 km/h. Noch gar nicht
wach, aber schon mit dem gelben Trikot unterwegs.
Bergauf ist etwa die gleiche Steigung zu überwinden,
ich schalte in den kleinsten Gang und muss dennoch
aus dem Sattel steigen. Vorbei an einer Zuckerfabrik,
in Katernynivka. Dreißig, vierzig Meter hoch sind die
Produktionshallen. Im Magazin gibt's weder Kaffee
noch Tee, ich fahre weiter. Wieder Maisfelder. Laut
Karte sind es noch zehn Kilometer bis zum nächsten
Dorf.

Die Vielseitigkeit des Lebens wird auf dem Fahrrad deutlicher als im Auto. Ich denke noch auf dem
Weg nach Prokovskje über das Leben der Arbeiter in
der Zuckerfabrik nach, während ich mit dem Auto
schon im nächsten Dorf wäre. Ich bin dort, wozu der
Autofahrer »draußen« sagt.

Schreiben wie Fahrradfahren sind auch eine Flucht
vor Überdruss und Unterforderung. Ich will nur feinste
Goldkörnchen aus den Gehirnwindungen kratzen.


In Guljaipole waren Johannes und ich vor zwei Jahren mit dem Jeep. Johannes hatte dieses Ziel vorge-
schlagen und mir erklärt, weshalb dieser Ort wichtig
sei für die Geschichte der Ukraine.

Es ist der Geburtsort von Nestor Machnow (1889–
1934), Anführer einer bäuerlichen Reiterarmee. Zu
meiner Schande musste ich gestehen, dass ich mit
diesem Namen nichts anfangen konnte.

Johannes hielt mir also mehrstündige Vorlesungen.
Bekannter Anarchistenführer, Freiheitsheld, pak-
tierte mit Trotzkis Roter Armee und bekämpfte sie,

gründete eine Art anarchistischer Republik. Bereits
als Minderjähriger hatte Machnow Attentate auf die
zaristische Polizei verübt. Er wurde zum Tode verurteilt, auf Grund seiner Minderjährigkeit jedoch frei-
gesprochen.

Inzwischen gibt es in Guljaipolje ein Nestor-
Machnow-Museum. Wir besuchten es damals. Die
Ausstellung war nüchtern gehalten, referierte Fakten,
vermied anti-russische Instrumentalisierungen.

Im Nachruf, den die Zeitschrift »Internationale« 1934 veröffentlichte, heißt es über Machnow:
»Mit Hingabe, beispiellosem Heroismus und uner-
schütterlicher Ausdauer, schließlich auch mit über-
raschendem Können und strategischem Geschick
wusste dieser einfache Bauer, der kaum lesen konnte,
während vier langer Jahre (1917–1921) die zuweilen
beträchtlichen Kräfte der verschiedensten Richtungen
in Schach zu halten: die Weißen, die Österreicher und
Deutschen, Skoropadsky, die Petljura-Truppen, die
Bolschewiken usw., die alle der Reihe nach sich vor-
genommen hatten, Machnow und seine ganze Armee
zu vernichten und sich in der Ukraine als absolute
Herren einzurichten.«

Er flieht 1921 nach Rumänien, stirbt 1934 im Exil
in Paris. Knoten der Geschichte: Auf Seiten der
Roten kämpfte auch Isaak Babel, Autor der »Reiterarmee« gegen »die Machnowstschina«. Babel suchte
den Neuen Menschen, doch was er fand, war ein neuer Stil. Nachdem Babel das Leben als apokalyptischer
Reiter ein Jahr genossen und ertragen hatte, lautete
seine wichtigste Erkenntnis, sein Leben sei ›die Biographie eines Adjektivs‹, nicht die eines bolschewi-
stischen Kommissars. Die Verwendung der Adjektive
beschäftigte ihn mehr als alle politischen Werte.

Am frühen Nachmittag in Guljaipole. Eine kleine Stadt am Fluss Haichur, sehr dörflich, über Hügel verteilt. Leider wird das Hotel renoviert, der sowjetische Charme verschwindet – verbogene Zimmerschlüssel, wacklige Türschlösser, geflicktes Linoleum, ratternde, undichte Wasserhähne, rostige Abflussgitter.

Das Neue zeichnet sich vor allem dadurch aus, dass es genauso schnell wieder abgerissen und beseitigt werden kann, wie es aufgebaut wird. Genormte Türen passen in genormte Türrahmen, die Wasserhähne und das Waschbecken stammen von der gleichen Firma wie in meiner Berliner Wohnung.

Dafür kostet ein Zimmer mit Dusche jetzt umgerechnet vierzig Euro (früher zehn). Das Zimmer ohne Dusche kostet allerdings nur zwölf.

Achtundzwanzig Euro für einmal duschen?, frage ich an der Rezeption.

Das ist die Ukraine!, ruft mir ein Bauarbeiter zu.

Er muss auch über die »Preisgestaltung« lachen. Vielleicht sind es Sommerpreise?

Gleich neben der Rezeption ist ein Friseurgeschäft. Mit der Friseuse schlossen wir damals Bekanntschaft. Sie zeigte uns den besten See in der Umgebung, am Abend luden wir sie ins Restaurant ein.

Während ich noch mein Gepäck vom Fahrrad lade, ruft sie schon: Sie sind doch Christus aus Berlin?

Nicht genau Christus, aber vielen Dank.

An Johannes Namen kann sie sich nicht erinnern. Starij drug, alter Freund, nennt sie ihn.

Wir umarmen uns, sie will es nicht glauben, dass ich mit dem Fahrrad kam. Ganz irdisch meint sie dann, sie müsse mir unbedingt die Haare schneiden.

Einverstanden, nötig ist es.

Ich breite die nassen Sachen im Zimmer aus, Zelt, Schlafsack, Matte. Eine Waschmaschine gibt es im Hotel nicht. Ich wasche nur Trikot und Hose, morgen bin ich am Meer.

Nicht weit vom Hotel ist eine Bar, dort gab es vor zwei Jahren ganz gutes Essen. Ein dunkler, fensterloser Raum, mattes Disco-Licht, Spiegel bis unter die Decke, der Fernseher mit MTV auf voller Lautstärke. Keine Gäste. Niemand ist da. Ich setze mich, es wird schon jemand kommen.

Falls es warmes Essen gibt, werde ich eine doppelte Portion bestellen, wovon auch immer. Mein Magen wurde gestern gründlich geleert.

Das Licht reicht aus, um im »Großinquisitor« zu lesen. Die Kellnerin erscheint, bringt die Karte. Sie verspricht, den Fernseher leiser und ein Nachrichtenprogramm einzustellen. Warmes Essen kann ich bestellen, ich entscheide mich für Kotleti (Bouletten) und Pjurej (Kartoffelpüree), außerdem Tomatensalat. Doch zunächst ein kühles Bier, Nevskoje. Es ist herb, hat einen klaren Geschmack. Auswahl gibt es genug, hier wie in jedem Geschäft, weshalb die Frage, ob das Bier in Deutschland besser schmeckt, ziemlich sinnlos ist. Aber sie wird oft gestellt, ebenso oft wie die Frage, ob die bekanntesten Zigaretten – Marlboro, West, Camel etc. – auch im Westen gekauft werden können.

Auf dem Platz vor dem Kinotheater und der Kinderbibliothek steht die Tafel der verdienstvollen Bürger und Kollektive. Eine Traktorbrigade und ein Magazin sind diesmal unter den lobend Erwähnten. Die aktivsten Bürger sehen ziemlich müde aus, manchmal sogar schuldbewusst.

Eine Mutter zeigt ihrer Tochter die Tafel. Ich frage sie, ob dieser Wettbewerb ernst gemeint sei. Natürlich, selbstverständlich. Aber wie kann die Arbeit einer Traktorbrigade mit der eines privaten Geschäfts verglichen werden? Das weiß sie nicht, aber hier werden nur gute Bürger gezeigt.

Nina Alexandrovna begrüßt mich wieder als Christus. Sie lacht viel und gern, einen Anlass braucht sie nicht, aber manchmal findet sie einen – die Sonnenstreifen auf meinen Füßen, das Muster der Sandalen, meine gerötete Stirn. Und da ich eine Flasche Champonskoje mitbrachte, macht ihr die Arbeit desto mehr Spaß. Wir üben, meinen Namen auszusprechen, aber Christus fällt ihr leichter.

Nina Alexandrovna schnippelt mit drei Scheren gleichzeitig, zupft hier ein Strähnchen, biegt mit beiden Händen meinen Kopf mal schräg, mal hoch, mal runter, sie lacht, der Sekt schmeckt ihr. Sie hat einen erwachsenen Sohn, niemals würde sie ihm erlauben, mit dem Fahrrad zu verreisen. Warum nicht mit dem Auto fahren, da sei man viel schneller. Aber der starij drug soll beim nächsten Mal wiederkommen. Sie lacht wieder, als ich sie an seinen Beruf erinnere. Chef eines Friedhofes, darunter kann sie sich wenig vorstellen. Weshalb braucht ein Friedhof einen Chef? Für die Arbeiter, die dort tätig sind? Auf russischen und ukrainischen Friedhöfen arbeitet niemand, da schlafen die Toten.

Ich lasse sie schneiden nach ihrem Geschmack, die meiste Zeit trage ich sowieso den Helm. Dieser hat sich inzwischen als nützlich erwiesen, einerseits als Sonnenschutz, andererseits als Teil der Kostümierung.

Die Frau von der Rezeption laden wir ebenfalls ein, sie schließt das Büro ab, wir setzen uns ins Personalzimmer. Fünf Kinder hat sie, das jüngste ist auch bald erwachsen. Zwei sind schon verheiratet, alle lernen ordentliche Berufe. Welche Mühe es kostete, sie in diesen Zeit großzuziehen, sie will lieber nicht daran denken. Ob ihr Arbeitsplatz denn sicher sei? Das Hotel hat zu wenige Gäste. Derzeit bin ich sogar der einzige Gast. Ausländer kommen hin und wieder, auch Amerikaner, um das Machnow-Museum zu sehen.

Wer zahlt dann die Renovierung des Hotels, wenn Gäste ausbleiben?

Geheimnisvolle Andeutungen. Ich frage nach, bleibe hartnäckig.

Aha, verstehe, Wirtschaft auf ukrainisch. Sie nennen Einzelheiten, erklären, wie es möglich ist, dass aus nichts viel wird, und aus viel wieder wenig, und wer die Nutznießer gewisser Transaktionen sind.

Aber niemals darf ich das jemandem erzählen. Großes Ehrenwort!
Auch wenn mir dieses Geständnis schwerfällt, ein Bett ist manchmal nicht zu verachten.

## 24 – Freitag, 29. Juni 2007
## Guljaipole – Berdjansk, 129 km (2996)

Nieselregen. Noch 130 Kilometer bis ans Asovsche
Meer. Ich frühstücke in einer Kleinstadt, in Pologi.
In einem Magazin gibt es heißen Tee. Ich trinke einen
Liter Jogurt. Derzeit sind Erdbeer- und Kirschge-
schmack meine Favoriten.

Ansonsten wieder ausgiebig Zeit zum Nachden-
ken. Als Fahrradfahrer ist man natürlich Anarchist.
Der Autofahrer muss mehr Paragraphen beachten,
er muss bei Rot brav warten, während unsereiner
sich auf Farbenblindheit herausreden kann. Beim
Fahrradfahren sind mehr Sinne beteiligt als beim
Autofahren, auch Riechen, Hören, Tasten. Auf dem
Fahrrad ist die Schutzlosigkeit ein Schutz, weil der
Mut anerkannt wird, mit dem man sich zeigt. Als
Fußgänger wird man vielleicht misstrauisch beäugt,
wenn man in einem abgelegenen Dorf erscheint. Man
sieht dem Fahrradfahrer die vollbrachte Leistung an,
obwohl sie beim Fußgänger wahrscheinlich größer
wäre. Ein Wanderer macht oft ein zerquältes Gesicht.
Ein Fahrradfahrer, der verschwitzt ankommt, hätte ja
auch langsamer fahren können.


Psychologie im Schach: Meine Lieblingseröffnung
als Schwarzer ist die Holländische Verteidigung in
der Leningrader Variante. d4, f5. Es gibt Schachspieler, die halten Holländer für verrückt. Schwarz
öffnet sich da, wo er am verletzlichsten ist. Statt den
Dialog zu suchen, statt sich an den Gegner heranzu-
tasten. Mindestens der »Code Napoleon« wird mit
der Antwort f5 ausgelacht. Deine Gesetze mögen für
dich gelten, du Möchtegern-Antichrist, aber nicht für

mich. Holländer werden oft genug belohnt für ihre mutige Spielweise, sie wollen sich nicht wie verängstigte Kleinbürger einmauern.

Für Erwachsene ist es meist ein psychologisches Problem, in einem offiziellen Schachturnier gegen ein Kind spielen zu müssen. Man glaubt ja an eine optische Täuschung, wenn ein Kind am Brett sitzt, das offenbar auch ohne Lebenserfahrung gut denken kann.

Einmal hatte ich das Pech. Frech spielte der Knabe! Obwohl ich bald drei Bauern mehr hatte, startete er tollkühne Mattangriffe.

Was macht der denn? Er läuft mit dem Kopf gegen die Wand, aber mit drei Meter Anlauf. Nein, er bleibt kurz davor stehen und sagt mit dem nächsten Zug kleinlaut: Es würde wohl doch wehtun. Ich bekomme zwei Freibauern und denke, jetzt ist aber alles klar. Vierzig Züge gegen ein Kind, wie peinlich. Statt mich aufs Spiel zu konzentrieren. Er läuft mit seiner Dame wie ein Hase übers Brett und schafft es tatsächlich, einen meiner Türme zu schlagen. Das ist ja Majestätsbeleidigung! Molodez!

Meine Freibauern sind jedoch so viel wert wie zwei Figuren, also kann er sich nicht lange freuen. Aber ein Pokergesicht kann er auch schon ziehen, so dass ich lieber aufpasse, ob er noch irgendwelche Gemeinheiten probiert. Langsam fährt das Schiff in meinem Heimathafen ein, Turm und Dame und zwei Freibauern gegen den kleinen einsamen König auf des Gegners Seite, der nur noch dürftig von drei Bauern gedeckt wird.

Zum letzten Mal schockiert mich der junge Held. Er zieht einen Bauern, sagt Schach! Mein Gegner springt auf, schreit durch den ganzen Saal: Patt! Patt! Remis!

Er kriecht unter den nächsten Tisch, jubelt, beruhigt sich langsam. Ich habe längst Fieberträume. Remis? Hat er mich ausgetrickst, das Schlauchen?

Ach, ich kann meine Dame noch opfern, es ist kein Patt. Was heißt, ich kann, ich muss meine Dame opfern.

Das sieht der Junge nun auch. Er setzt sich an den Tisch.

Ich frage: Wollen wir zusammen gucken, ob wirklich Patt ist?

Es ist kein Patt, sagt er. Ich habe mich zu früh gefreut.

So stark ist also die erzieherische Wirkung, welche das Spiel auf die Charakterbildung ausübt.

FREITAG – MITTWOCH
29. JUNI – 4. JULI 2007, BERDJANSK

Ich Faulpelz. Echter Urlaub. Heiß ist es hier unten
am Meer. Außerdem ist Ferienbeginn, entsprechend
überfüllt ist der Strand. Riesenräder, Schießbuden,
Autoscooter laden zum Geldausgeben ein. Man kann
sich mit einem Affen oder mit einem Papagei auf der
Schulter fotografieren lassen. Ein Feuerwerk soll all-
abendlich zum Staunen anregen.

Ich habe in Berdjansk ein preiswertes Zimmer bei
märchenhaften Großeltern bekommen – wir sitzen
auf der Gartenbank, der Opa redet nicht viel und hört
schlecht, die Oma schneidet oft Gemüse, kocht Kaffee, sie lobt, dass ich viel Salat esse, Joghurt trinke. In
meinem Bett haben bestimmt schon Bolschewiki der
ersten Stunden geschlafen.

Im Internetcafé arbeiten hilfsbereite Rammstein-
Fans, die, wie sie sagen, einem Deutschen besonders
gern helfen. Ein Angler erzählt, dass eine Einzimmer-
wohnung mit Meerblick inzwischen 50.000 Dollar
koste. Er lebt in Rostov-na-Donu (Russland), er hat
dort ein Zoogeschäft, hier besucht er seine Eltern.

Ich setze meine Umfrage fort und frage fast jeden, mit dem ich ins Gespräch komme, wie er über
eine NATO-Mitgliedschaft der Ukraine denkt. Das
Ergebnis bestätigt meine Vermutungen: Niemand

wünscht sich das Land in der NATO. Niemand kann mir erklären, welche Vorteile die Ukraine als NATO-Mitglied hätte. Man will in die EU, um eine zivilisierte Partnerschaft mit Europa eingehen zu können. Millionenfach gibt es verwandtschaftliche Beziehungen zu Russland, Konfrontation ist nicht erwünscht. Politik sei nur Theater in der Ukraine, höre ich häufiger. Alle wunderten sich, dass die Wirtschaft dennoch wachse.

Im Museum für Malerei gibt es keine Ikonen. Schade, an einige der in Lviv gesehenen kann ich mich noch erinnern.

Abends die übliche konsumistische Lärmhölle. Ich setze mich zu einem Kriegsveteranen auf die Parkbank, spendiere ihm ein Bier. Er klagt über die niedrige Rente. Die Stranddiskothek ist so laut, dass ich ihn kaum verstehe. Achtundachtzig Jahre alt ist er, fünf Jahre war er Soldat. Mädchen spazieren in Miniröckchen an uns vorbei, lutschen Eis, küssen ihre rosaroten Mobiltelefone. Ein Hund erleichtert sich gleich neben dem Fuß des Soldaten, er merkt es nicht.

Vorsicht!, sage ich und zeige ihm die Pfütze.

Eine Frau stützt einen älteren Mann und ruft ihm ins Ohr: Alles ist ein Geschäft! Alles kostet Geld!

Ihr sowjetisches Herz sagt: Was für eine blöde Zeit! Und dafür haben wir Lenin verraten! Für Glitzer und Tinnef Verrat am Paradies! Sozialismus hieß: Konzentration auf das Wesentliche, auf die freie Entfaltung der Persönlichkeit!

Ich schlendere über den Markt, gehe in drei, vier Geschäfte und sehe mir bewusst das Warenangebot an. Wie in nahezu jedem ukrainischen Dorfgeschäft stehen neben der Kasse, in Höhe der Kinderaugen, die Regale mit den amerikanischen Kaugummis. Daneben die amerikanischen Getränke Coca-Cola, Fanta, Sprite, Bonaqua. Mars, Snickers und Bounty regen zum Träumen an. Kent, Marlboro, West, Camel, Kodak, Duracel, Jacobs, Nescafé, Nivea, L'Oreal, Motorola, Siemens, Ariel, Perwoll, Gillette, ein einziger Blick erfasst eine Vielzahl von Produkten aus der westlichen Konsumwelt.

Ich finde ein ruhiges Restaurant und lese. »Die Enge des Bewusstseins ist eine soziale Forderung.« Typisch Kafka, wenn es ernst wird, verzichtet er auf Schnörkel, kein schönes Wort lenkt von der klaren Aussage ab. Anders als in diesem Satz: »Der Coitus ist die Bestrafung für das Glück des Beisammenseins.« Hier leitet er die lesenden Augen, bis sie sich am Ende des Satzes schließen sollten.

Oder er schreibt, als würde er Billardkugeln stoßen: »Hätte Robinson den höchsten oder richtiger den sichtbarsten Punkt der Insel niemals verlassen, aus Trost oder Demut oder Furcht oder Unkenntnis oder Sehnsucht, so wäre er bald zugrunde gegangen; da er aber ohne Rücksicht auf die Schiffe und ihre schwachen Fernrohre seine ganze Insel zu erforschen und ihrer sich zu freuen begann, erhielt er sich am Leben und wurde in einer allerdings dem Verstand notwendigen Konsequenz schließlich doch gefunden.«

Sehr schön auch die Reihung »aus Trost oder Demut oder Furcht oder Unkenntnis oder Sehnsucht«, weil alle Substantive etwa die gleiche Aufmerksamkeit verlangen, jedes sagt im gleichen Maße etwas Überraschendes und Zu-Erwartendes.

Mein Lieblingssatz lautet noch immer: »Das zum Matrosen geborene Kind lernt zwar schwimmen, aber nur in einer Pfütze.« Ein Satz, der aus zwei Strichen besteht. Nicht: »Das Kind, das zum Matrosen geboren wurde ...« Das wären nur vier Krakel. Kafka formuliert einfach und böse, im besten Kammerton, aber nicht boshaft, nirgendwo quietscht eine Silbe.

Kafka verwendet kaum Fremdworte, schließlich komponiert er keine Militärmärsche. Kategoriales Denken war ihm zu armselig. (Die armen Studenten von heute, die erst einhundert Jahre alte Begriffe in sich hineinstopfen müssen, bevor sie sich äußern dürfen! Wer räumt den Interpretationsmüll beiseite?)

Verwendung der Adjektive: Thomas Mann bindet Schleifchen in die Sätze, Kafka Rubine und Rasierklingen.


Kleinbürger-Elend: Es gibt Menschen, die verzweifelt darüber sind, dass sie das Richtige tun, und auch darüber, dass sie leben können, wie sie möchten. Solche Figuren konnte Balzac noch nicht erfinden, damals wollten die meisten nach oben, nicht mit dem Strick um den Hals immer weiter abwärts, um endlich im letzten Moment zu erfahren, ob man gelebt hat.

Kafka, als Neunzehnjähriger im Tagebuch: »Nicht verzweifelt sein, auch darüber nicht, dass du nicht verzweifelt bist!«


1992, Besuch bei Emile Cioran in Paris. Pünktlich auf die Minute klingelte ich. Er öffnet – die Hand erhoben zum deutschen Gruß. Er steht nicht stramm, aber der rechte Arm und die ausgestreckte Hand weisen schräg nach oben. Er lächelt unschuldig und sagt: Achten Sie auf den Türbalken, er ist sehr niedrig!

Seine erste Frage: Was suchen Sie in Paris? Ich: Liebe. Er: Das ist gefährlich. – Ein Prophet und Weiser.

Er könne von den Honoraren seiner Bücher nicht leben, erzählte er, der Schopenhauer des 20. Jahrhunderts.

## 25 – Mittwoch, 4. Juli 2007
### Berdjansk – Ljubymivka
### (Die Liebenswerte?), 145 km (3 141)

Es ist heiß, wohl etwa 40 Grad im Schatten. Ein langer Anstieg führt aus Berdjansk hinaus.

An einer Kreuzung belehrt ein Milizionär einen Autofahrer: Das ist unsere ukrainische Mentalität! Wenn es zu spät ist –!

Die Polizisten sind meine Freunde, natürliche Verbündete, stets erteilten sie bisher freundliche Auskünfte.

Der Kilometer DREITAUSENDSECHUNDNEUNZIG verdient vergoldet zu werden! Ich habe den Ort gefunden, an dem die fleißigen Zwerge werkeln! Die Bushaltestellen-Künstler!

Ich war ohnehin schon bester Laune, weil zwei Verkäuferinnen so besorgt um mich waren.

Draußen ist es so heiß! Bleiben Sie noch!

Kaum auf dem Fahrrad, will ich den nächsten Berg hochfahren, da sehe ich an einer Bushaltestelle – Balaschivka – die Mosaikleger! Ich habe zwei Plitotschnik-mosaitschnik getroffen!

Vorsichtig nähere ich mich den beiden. Am liebsten würde ich hinlaufen und sie umarmen. So staunen sie erst mal über mich, aber ich bin der Beschenkte. Nur echte Sammlernaturen verstehen meine Glücksgefühle.

Fliesen-/Mosaikleger ist ein eigenständiger Beruf, erfahre ich von Valentina und Jura. Plitotschnik-mosaitschnik heißen sie. Beide sind um die fünfzig Jahre alt. Sie gestalten Bushaltestellen in der Umgebung von Kiev und im Oblast Dnepropetrovsk. Ich sehe ihnen bei der Arbeit zu. Die verwitterten Wände werden frisch verputzt, die Bilder mit Bleistift vorgezeichnet, dann die Mosaiksteine angeklebt. Fünf bis sechs Tage benötigen Jura und Valentina für eine Station, erzählen sie. Ihr Verdienst liegt bei etwa vierzig Griwna pro Quadratmeter, umgerechnet sechs Euro. Sie können die Motive frei wählen, die Aufträge erhalten sie von der lokalen Straßenbaufirma. Früher mussten sie häufig Kosmonauten oder politische Motive darstellen, Revolutions- und Parteijubiläen, erzählt Jura. Er gestaltet gern Kosaken-Motive. Er zeigt mir Fotos seiner Arbeiten. Valentina bevorzugt Blumen, diesmal hat sie sich durchgesetzt. Sie erklärt die Muster, die sie einer Zeitschrift entnommen hat.

Am Fluss Kuroschani fand diese Begegnung statt. Später ärgere ich mich, dass ich nicht frecher fotografierte, nicht viel mehr Fragen stellte. Ich bin eben kein Journalist. Ich kann und will nicht ständig an die Verwertbarkeit meiner Erlebnisse denken.

16 Uhr 22, im Dorf Schovtneve gleicht die Bushaltestelle dem Eingang zu einem Kristallpalast. Die Grundfarbe der daumennagelkleinen Mosaiksteine ist weiß, Blumen- und abstrakte Ornamente schaffen wilde Kontraste.

Die Suche nach einem günstigen Schlafplatz beginnt eigentlich schon jetzt. Die Landschaft passt. Mischwälder sind immer willkommen, je feuchter desto besser.

Durch ein trockenes Maisfeld schleicht höchstens
mal der Fuchs. An einem Fluss oder See aber gibt's
nachts richtig Radau. Das Konzert der Tiere, die sich
um kleinste Tümpel streiten oder ihre Auftritte fein
miteinander abgestimmt haben, nimmt manchmal
operettenhafte Formen an, besonders mit Einbruch
der Dunkelheit. Maus und Käfer spielen im Duett,
die Taube schläft dabei ein und gluckst im Schlaf,
Spinnen saugen frische Cocktails. Die Maulwürfe
nutzen inzwischen den Lärm da oben, sie wühlen
sich durchs Erdreich wie Bankräuber, geben Klopf-
zeichen, der Tresor ist offenbar mein Hintern.

Die meisten Darsteller aber spielen mit unbekannten Instrumenten. Mein laienhaftes Wissen
jedenfalls reicht nicht aus, all den Stimmen eine bestimmte Herkunft zu geben. Es geschehen offenbar
viele schwere Straftaten, es wird gemordet und ge-
meuchelt, ohne dass ein Richter Anklage erhebt.

Am Abend im Dorf Luibymivka, die Straße ist gut
einhundert Meter breit, es ist Platz genug für eine
Kuhherde. Drei Mädchen auf Fahrrädern treiben die
Kühe vor sich her, drei Schwestern, wie ich erfahre,
fünfzehn bis zwanzig Jahre jung. An drei Abenden
seien sie für das Eintreiben der Kühe des ganzen
Dorfes verantwortlich, dann übernehme eine andere
Familie diese Aufgabe. Die Älteste hat starke Brand-
wunden am Hals. Sie lassen mich vorbei, später am
Magazin sehen wir uns wieder. Sie erzählen von der
Disco und von den Schlägereien dort.

Kontrast: Die drei mit lehmverschmierten Füßen,
ich im Fahrradkostüm.

## 26 – Donnerstag, 5. Juli 2007
### Luibymivka – Hunivka, 122 km (3263)

37 Grad im Schatten, vor einer Apotheke hing ein Thermometer. Ich sehe das Nikopolsche Meer, bleibe aber auf der Hochebene und umfahre Dnjeprrudnje im weiten Bogen, obwohl der Wind auf Grund der Temperaturunterschiede hier heftig weht.

Bushaltestelle Trafnja: Ein Kosak oder ein Zigeuner im blauen steinernen Mantel spielt Balalaika. Vielleicht stellt die Figur auch einen der blinden Markterzähler dar, die unter Stalin zu einem All-Unions-Treffen eingeladen, in Scheunen gesperrt und verbrannt wurden, wie Schostakovitsch in seinen Memoiren berichtet. Ein Versuch, das mündliche Gedächtnis vieler Völker auszulöschen.

10 Uhr, Bushaltestelle im Dorf Skelki: Wieder dieser grelle Kontrast: billige Betonplatten, aber die Wandgestaltung eines Palasts würdig. Der Reiter, der hier mit Mosaiken gestaltet wurde, sieht wieder sehr orientalisch oder kaukasisch aus. Die Frau auf dem Bild trägt zwei Eimer Wasser auf der Schulter, mit einer Leichtigkeit, als wäre sie jederzeit zu einem Schwätzchen bereit, obwohl die Last ihr schwer sein müsste.

Etwa zehn Leute sahen mir beim Fotografieren zu, zwei Jungs, sonst wohl nur ältere Frauen. Sie verkauften gelbe Melonen, Tomaten, Pfirsiche. Sie saßen im Schatten, es war schon sehr heiß. Die Frauen alle mit Kopftüchern. Ein Kopftuchverbot würde sicher einen Frauenaufstand entfachen.

Am Nachmittag spätestens wird mir klar, dass jedes Dorf seinen eigenen Charakter hat.

Gleich die erste Frau, die ich auf dem Sandweg vor mir sehe, ist betrunken. Vielleicht ist sie in meinem Alter, vielleicht auch zehn Jahre älter, die Folgen des Trinkens lassen keine genaue Schätzung zu. Ich erkundige mich nach dem Dorfgeschäft. Sie glotzt mich an und begreift ziemlich schnell, dass ich Ausländer bin.

Oh! Sie hält sich mit einer Hand am Fahrrad fest und fragt, ob ich duschen wolle.

Kleine Hexe, das ist das Einzige, was ich wirklich möchte. Ich schiebe mein Fahrrad auf ihren Hof. Ihre Schwester, ebenfalls betrunken, sitzt unterm Apfelbaum.

Er soll für die Dusche bezahlen!, ruft sie gleich zur Begrüßung. Zehn Griwna! (1,30 Euro.)

Zunächst soll ich arbeiten. Die Frau bittet mich, ein Stück Stahl zum Nachbarn zu tragen, der kaufe altes Eisen an und zahle vielleicht drei Griwna dafür, eine halbe Flasche Wodka.

Von Autos habe ich keine Ahnung, vielleicht ist dieses Teil von einem LKW. Es ist etwa zwei Meter lang, wiegt etwas mehr als zwanzig Kilo. Ich trage es durch den Garten, über die Straße, die betrunkene Schwester ruft wieder: Er soll für die Dusche zahlen!

Ich liefere das Eisen ab, die Frau verhandelt mit dem Ankäufer. Ich schleiche mich davon.

Die Dusche steht im Garten, bestes ukrainisches Regenwasser rinnt aus der Brause. Kaum bin ich nackt und eingeseift, öffnet die Frau den Duschvorhang.

Ihr Mann habe sie verlassen, ihr Sohn ebenfalls, das Geld für den Arzt fehle, die Ernte sei schlecht.

Ich schimpfe mit ihr. Sie dürfen nicht so viel trinken!

Nur drei Griwna, bittet sie, und schaut sich mein schönstes Teil an.

Ich habe für Sie gearbeitet, das ist genug!

Ich ziehe den Vorhang zu, sie zieht ihn wieder auf.

Ich bleibe hartnäckig bis zum Schluss, zahle nichts.

Endlich finde ich das Magazin. Die Verkäuferin liest Argumenti i Fakti, eine anspruchsvolle Zeitung, auf dem Dorf eher unüblich.

Ich erzähle ihr von meinem Erlebnis.

Bei uns sind viele Leute betrunken, sagt sie.

Ein Großvater kommt herein, kauft eine Flasche Bier, die Verkäuferin schimpft mit ihm, als er versucht, nach ihrer Hand zu greifen. Mir scheinen die Worte nicht angemessen für diese Situation, so unhöflich war der Mann gar nicht.

Haben Sie diesen Großvater gesehen?, fragt die Frau, als wir wieder allein sind. Jede Stunde kauft er eine Flasche Bier, nur eine Flasche Bier, und immer wieder will er mich anfassen.

Zwei neue Kunden – ein Veterinärmediziner und ein Offizier in Zivil. Der Veterinärmediziner erklärt mich gleich zu seinem Freund, er braucht mich auch als Stütze, und er riecht aus dem Mund. Er rät mir bzw. der Verkäuferin, wir sollten heiraten.

Die Verkäuferin antwortet ruhig und sachlich: Ich bin verheiratet und habe einen guten Mann, das wissen Sie.

Der Offizier staunt, dass ich seinen Beruf errate und auch den Dienstrang. Die Schlussfolgerungen lagen aber nahe, so, wie er über seine Wehrdienstzeit in der DDR erzählt.

Schließlich kommt noch eine Großmutter von der Straße, auch sie scheint den Alkohol und die leichten Seiten des Lebens zu lieben. Sie lädt mich für den Abend zur Disco ein, mein Zelt könne ich im Park aufstellen. Sie scheint es ernst zu meinen. Sie trägt die Stiefel von der Feldarbeit, kauft Bier für den Feierabend.

Die Verkäuferin ruft: Vot teper vi videte nasche narod! Nun sehen Sie unser Volk!

Mir fehlen Argumenti i Fakti, ihr zu widersprechen.

Aus dem letzten Haus des Dorfes ertönt Gesang. Ich sehe niemanden, höre nur die Stimmen. Männer, Frauen, mindestens ein Dutzend Leute singen. Auf die Hügel ringsum knallt die Sonne. Ich habe den Eindruck, dass die Menschen sich hier nur schaukelnd fortbewegen, weil die Erde selber schaukelt und nur sie es begriffen haben.

Einige vergoldete Lenin-Denkmäler. Das Objekt wird im Moment seines Verschwindens zum Fetisch. Eine Entsprechung zur DDR-Nostalgie.

Ich kaufe unterwegs noch eine 2-Liter-Flasche Bier, wickle sie ins nasse Handtuch, damit sie kühl bleibt. Kleinere Flaschen gab es nicht. Es könnte eine heitere Nacht werden.

Im Zelt ein Anruf von Gregor aus Berlin. Ich berichte ihm von dem betrunkenen Dorf. Er war früher selber ein geübter Trinker und verfolgt jetzt meine Reise auf der Landkarte. Berlin hat er in seinem ganzen Leben wahrscheinlich nicht mehr als drei Mal verlassen.

Unsere Träume überschneiden sich manchmal. Sein gehässigster Traum: Er in Häftlingskleidung in einem KZ. Ein SS-Offizier steht vor ihm, zu seinen Füßen liegt sein toter Vater. Der SS-Offizier fordert ihn auf, den toten Vater zu essen, andernfalls werde er selber erschossen. G. sagt sich: Dann esse ich eben Schweinefleisch, ich bin ja kein Jude!

Sein Vater war der Klavierlehrer des Fahrers des Leibarztes von Adolf Hitler, vielleicht beeinflusst es seine Träume.

Gregor erzählt, dass er gerade den neuen Roman eines gemeinsamen Bekannten liest.

Und, frage ich, lohnt es?

Er schreibt, wie er auftritt, mit vielen barocken Löckchen im Haar und einem Degen aus Lametta unterm Arm, ruft Gregor durchs Telefon.

Das Bild des Autors vor Augen, lache ich – und erschrecke, als einige Rehe durch den Wald laufen.


## 27 – Freitag, 6. Juli 2007
## Hunivka – Chkalove, 120 km (3383)

Heiß. Gegend der Zaporozher Kosaken. Doch schon am Morgen beschenkt mich eine Familie im Vorbeifahren. Die Eltern, der Sohn und die Tochter, letztere im Teenager-Alter, lassen mich erst weiter, nachdem ich das angebotene Kompott getrunken und eine Tüte mit Tomaten und Gurken angenommen habe. Rohen Speck darf ich ablehnen.

Tatsächlich, der Gedanke gestern war richtig, jedes Dorf ist auf seine Weise eigenartig.

Graue Regenwolken ziehen über die Täler. Ein Wetter, bei dem man Kuchen backen möchte. Pflaumenkuchen mit Mandeln vielleicht.

Flüchtige melancholische Anwandlung. Aber meinen Augen wird wieder geschmeichelt. Jedes Häuschen, und sei es noch so klein, die Wände noch so schief und feucht, das Dach voller Löcher, regt zum Träumen an.

Vormittags Verchni Rogatschik, dann Geogrivka, wieder einer dieser Kino-Orte. Ein ganz dunkles, altes Magazin, mit Bier- und Weinausschank im gleichen Raum, die Bänke und Tische sind schon jahrzehntelang in Gebrauch. Auf dem Tresen liegt ein Schweinskopf, mit einem Netz vor dem Fliegenbefall geschützt. Hinter der grinsenden Schweineschnauze gibt's wie immer Snickers, Mars, Bounty. Die Leute flüstern fast nur, als schämten sie sich beim Einkauf.

Auf der Straße ein junges Mädchen, vielleicht sechzehn. Sie trägt ein Tigerkostüm, Hose und Jacke sandfarben mit schwarzen Tupfern. Drei Männer mit Bierflaschen in den Händen folgen ihr.

Im nächsten Dorf sind von den zwanzig Häusern vielleicht drei oder vier bewohnt. Durch einige Dächer wachsen Birken. Die Straße endet zwischen Feldern, ich muss zurück. In einer Garage sitzt ein Mann im Rollstuhl.

Ich fahre zu ihm, stelle das Fahrrad ab. Ich gehe langsam auf ihn zu, er soll nicht denken, dass ich Böses will. Seine Beinstummel sind mit Binden umwickelt. Er raucht Filterlose, der Aschenbecher neben ihm quillt über. Leere Bierflaschen stehen am Boden. Er hält eine Kreuzworträtsel-Zeitung in seinen Händen.

Ich frage ihn, ob es noch eine andere Straße gibt. Nein.

Danke. Auf Wiedersehen. Ich bin nur ein Gespenst, Entschuldigung.

Ein wunderbares Restaurant gefunden, immer noch in der Nähe des Nikopolschen Meers. Der Besitzer war einige Jahre in Deutschland, er arbeitete bei einer Transportfirma. Ich esse gleich zwei Schüsseln

Borsch, Schaschlik mit Püree, einen großen Salat, trinke einen Liter Kirschsaft.

Satt und zufrieden rolle ich gemächlich Richtung Hafen, eigentlich noch unschlüssig. Dann verpasse ich die Fähre um zwei Minuten, die nach Nikopol fährt. Dafür laden mich die Buchhalter einer Brotfabrik ein, mit ihnen zu feiern. Wir kennen uns drei Minuten, schon sitze ich in ihrem Büro, erhalte Tee und Wodka und ein Kilogramm Gurken.

Hier in ihrem Rayon herrschten besonders friedliche Verhältnisse, erzählen sie. Die Tradition der Kosaken schaffe eine starke Verbundenheit. Die Zahl derer, die im Westen nach Arbeit suchten, sei gering.

Sie warnen mich, in den Donbass zu fahren, dort sei es aber wirklich gefährlich.

Das Böse wohnt immer weit weg, das habe ich schon gelernt.

Wilde Überfahrt mit der Fähre, starker Seegang, Nieselregen. Nikopol, eine Stadt mit 136 000 Einwohnern, wird noch von der Sonne beschienen, leuchtet weiß am Ufer wie unter Glas.

Kurzes Zögern, ob ich in der Stadt bleiben soll. Aber nein, der Wald ruft. Doch im Norden liegt eine Chemiefabrik, man kann es lange Zeit riechen. Inzwischen ist es dunkel, ringsum liegen nur Felder und Äcker.

Im Dorf Chkalove ein letzter Einkauf. Wohl zwanzig Leute sehen mich an, als ich im Dunkeln vom Fahrrad steige. Das ist nicht sehr angenehm. Aber die Verkäuferin bedient rasch und freundlich, ich kaufe noch Kekse für die Süßigkeitsattacken in der Nacht, außerdem Salami und Wasser.

Zwischen Maisfeldern finde ich dann doch einen Streifen Wald, jedoch ist das Unterholz sehr licht. Ich

stelle das Zelt im Dunkeln auf, das Licht der Stirnlampe wäre weit zu sehen. Ich wasche mich auch im
Dunkeln.

## 28 – Sonnabend, 7. Juli 2007
## Chkalove – Sofiivka, 90 km (3 473)

Am Tage nur kleine Dörfer, keine Bar, keine Gelegenheit für ein warmes Essen. Dann finde ich in der kleinen Stadt Sofiivka ein Restaurant. Es hat eine Veranda,
auf der ich mein Fahrrad abstellen kann, denn es regnet mal wieder. Die Frau, die hier arbeitet, ist Kellnerin, Köchin und Barfrau in einer Person. Soeben hat
sie sechs Milizionäre als Gäste bewirtet, die reichlich
getrunken und gegessen haben, die Reste stehen auf
dem Tisch. Jetzt will sie abwaschen und Feierabend
machen. Da ich von so weit her komme, will sie mir
aber auch ein warmes Essen nicht abschlagen, zumal
ich mit allem zufrieden bin, so auch mit Bratkartoffeln
und Spiegelei. Auch helfe ich gleich beim Abräumen,
um schneller mein Essen zu bekommen, woraufhin die
Frau mich einlädt, hier im Restaurant zu übernachten.
Im Büro sei eine Liege, die ich nutzen könne.

Unsere Bekanntschaft dauert etwa zehn Minuten,
aber sie vertraut mir. Sie wäscht ab, ich esse und versuche mich zu entscheiden. Angesichts des Regens
wäre ein trockener Schlafplatz willkommen. Aber die
Kneipenluft bedrückt mich jetzt schon.

Ich trinke Bier und Kaffee und einen Liter Wasser.
Ich nehme die Einladung an, was soll es. Eine Toilette gibt es leider nicht, ich muss über die Straße ins

Gebüsch. Doch ich kann mich im Kneipenraum waschen, es gibt ein Waschbecken.

Bald kommt eine jüngere Kollegin, sie, so erfahre ich nun, wird die Nachtschicht übernehmen. Es seien zwar keine Gäste mehr zu erwarten, aber geöffnet bleibe das Restaurant dennoch.

Draußen tobt sich ein Gewitter aus, es ist schon dunkel. Zu spät, mich anders zu entscheiden. Ich frage die Frauen nach ihrem Verdienst, nach ihren Arbeitsbedingungen. Die jüngere, Natascha, kaum zwanzig Jahre alt, trägt Goldzähne. Sie ist Vollwaise, hat mehrere Geschwister.

Ich bedanke mich für die Einladung zum Schlafen mit einer Schachtel Pralinen, kaufe die teuersten – in Deutschland bekäme ich eine Schachtel Zigaretten dafür, doch für die Frauen ist es mehr als ein Tageslohn. Erst nach langem Zögern werden sie angenommen, dann jedoch mit viel Oh! und Ah! verspeist.

Wir waschen zusammen das restliche Geschirr ab. Natascha erzählt, ihr Freund sei sehr stark, sie habe deshalb keine Angst, allein im Restaurant zu arbeiten.

Bald kann ich bestätigen, dass ihr Freund ein echter Herkules ist. Herkules ist Traktorfahrer, er kommt gegen Mitternacht mit seinen Freunden ins Restaurant. Ich liege bereits im Büro auf dem Divan. Natascha will, dass ich den neuen Gästen von meiner Reise erzähle. Ich rede mich mit Müdigkeit heraus, bleibe liegen. Sie drehen die Musik auf Disco-Lautstärke, beginnen zu saufen. Büro und Gästeraum trennt nur eine Pappwand.

Da hilft nur eins: Protestschlaf. Wenn die Umstände gar zu widrig sind – einschlafen. Fünf Leute werden mich schon nicht abmurksen, sondern vorher wecken.

## 29 – Sonntag, 8. Juli 2007
### Sofiivka – Otscheretuvate, 158 km (3631)

Tatsächlich, zwei Uhr nachts legt der Herkules sein Patschhändchen auf meine Fußsohle.

Privet. (Hallo.)

Privet.

Kak dela? (Wie geht's?)

Normalna.

Er zieht sich einen Stuhl an den Divan, seine Arme sind so stark wie meine Oberschenkel.

Is Berlina?

Da.

Na velozipede?

Da.

Poidjom – pitj Wodku! (Gehen wir – trinken wir Wodka!)

Njet, nje chotschu. (Ich will nicht.)

Chotschesch spatj, da? Möchtest schlafen, ja?

Seine Freunde grinsen auf der Türschwelle. Wenigstens für ein gemeinsames Foto soll ich aufstehen.

Also gut.

Sie fotografieren mit ihren Mobiltelefonen, Herkules hält mich im Arm.

Natascha meint, die Störung sei gleich vorbei, dann könne ich schlafen.

Mein Fahrrad steht in der Garage, die aber nicht abgeschlossen ist. Nach einigen Verhandlungen lassen sie mich tatsächlich wieder ins Büro. Kurz darauf möchte einer der Freunde des Herkules mich auch mal anfassen. Er ist deutlich betrunkener. Zwei deutsche Worte kennt er, und die wiederholt er nun oft – Geil Gitler. Ich muss ihn schieben, damit er seine Freunde findet. Endlich stellen sie die Musik aus.

Der Abschied zieht sich hin, Natascha und Herkules bleiben allein zurück. Sie löschen das Licht, flüstern eine Weile, legen sich dann auf die Sitzbank hinter der Pappwand. Er beglückt sie, ich höre den Fleischberg wabbeln.

Halb sechs weckt mich Natascha. Sie bietet an, mir zum Frühstück Spiegeleier zu braten. Sie müsse das Restaurant jetzt schließen. Die Frau, die sie ablösen solle, sei erkrankt.

So bin ich sechs Uhr morgens wieder auf der Landstraße. Die nächsten drei Einladungen werde ich ausschlagen, das schwöre ich. Die Spiegeleier waren außerdem so fettig, dass mein Magen rebelliert.

Es geht über Zaporiskje, Richtung Dnepropetrowsk, einem der industriellen Zentren der Ukraine, die Stadt der Traktoren und des Maschinenbaus, Heimatregion von Leonid Breschnev und Julia Timoschenko. Mittags Preobraschenka, dann Svidlogorskje.

Ich fahre bis Mittag einhundert Kilometer, mache nur eine kurze Pause, trinke Cola und Tee, esse einen Apfel und einen Jogurt. Ich habe eine Wut in mir. Die kurze Nacht und die etwas eintönige Landschaft – ich kann mich nur an mir rächen, indem ich kräftiger in die Pedalen trete. Wenn nichts mehr hilft, hilft Sport. Außer einigen wunden Stellen am Hintern habe ich keine Beschwerden. Na gut, die Hände tun weh, das rechte Knie wohl auch. Außerdem quält mich ein Gedanke, der offenbar formuliert werden möchte, er bohrt und gibt keine Ruhe und verstopft eine Membran. Fast jeder klare Gedanke hat ja eine dingliche Gestalt, er kann ein Quader oder eine Brezel sein, ein Tümpel oder ein Frosch mit drei Augen. Oh ja, das würde ich auch nüchtern unterschreiben!

Immerhin winkt mal ein Bauer, der auf einer Böschung Gras mäht. Seine Frau (offenbar) lädt es auf einen Handwagen. Diese beiden älteren Herrschaften wollen das Gefährt ins nächste Dorf ziehen? Ich schäme mich, stolz auf meine »körperlichen Leistungen« zu sein, es ist, als würde ich Papierschnipsel kauen.

Es gibt nichts Neues zu sehen. Dörfer in den Tälern, Felder, Tankstellen. Vor allem träume ich von einer Okroschka. Okroschka wird mit Kvas und saurer Sahne zubereitet. Es ist eine kalte Suppe, die den Durst löscht und außerdem sättigt. Die wichtigsten Zutaten: Dill, hart gekochte Eier, Radieschen, oft Pellkartoffeln. Ah, ich liebe schon das Wort – Okroschka! Es klingt so verheißungsvoll!

Blick auf die Lenkertasche. Unter der Folie glänzen giftige Buchstaben.

»Es gibt nichts anderes als eine geistige Welt; was wir sinnliche Welt nennen, ist das Böse in der geistigen, und was wir böse nennen, ist nur eine Notwendigkeit eines Augenblicks unserer ewigen Entwicklung.« Natürlich von František. Mehr Schwung verleihen die Sätze: »Und rechts in den Hals und links in den Hals und drittens in den Bauch sticht Schmar.« / »Wasserratten, aufgeschlitzt, geben einen ähnlichen Laut von sich wie Wese.« Spätestens an der Stelle ist klar, weshalb Wese diesen Namen trägt in Kafkas Erzählung »Ein Brudermord« – weil die Rhythmisierung es so verlangt.

Wenn mir gar nichts mehr einfällt, woran ich denken kann, versuche ich mich an Schachpartien zu erinnern, an besonders witzige Kombinationen.

Ich möchte Fahrrad fahren wie Gregor Schach spielt. Seine Spielweise erinnert meist an einen Säbeltanz auf schwankendem Deck. Sein häufigster Ausruf, in Kneipen- oder Blitzpartien, lautet: Tod, wo ist dein Stachel? Er kämpft mit einem Tomatenmesser gegen Maschinengewehre, wenn es nötig ist, als ein Matrossov der vierundsechzig Felder. Er stürmt barfuß durchs Kaktusfeld und staunt, dass seine Füße bluten. Er legt sich auf den Opferaltar, wenn das Fest schon vorbei ist und niemand mehr Menschenherzen essen will. Er kann zwei plus zwei nicht zusammenzählen, weil er von Stifters Waldspaziergängen träumt, während sein Gegner kleinste Bauernvorteile verwaltet. Er lacht sich selber aus, er tritt als Pantoffeltierchen oder als Eunuch auf, als Lord vom Lande und als Hochstapler. Wäre Fürst Dracula sein Gegner, würde er ihn mit einem rosaroten Schleifchen schmücken, damit der lächelt, bevor er in der Sonne verdampft. Einer seiner entnervten Gegner rief einmal durch den Turniersaal, in dem vierhundert Spieler schwiegen: Das ist ja Schach aus der Psychiatrie! – Aber erfolgreiches, muss man hinzufügen.

Er gleicht dem Goldschmied in E. T. A. Hoffmans Erzählung »Das Fräulein von Scuderie«. Cardillac ist der beste Goldschmied von Paris, doch er kann sich von den Kunstwerken nicht trennen, die er geschaffen hat, und deshalb ermordet er seine Kunden. Auch Gregor schafft Kunstwerke, für die er bereit ist zu verlieren. Andererseits schmückt er Bettler mit Diamanten. Und er meint, wenn jemand bloß ein Bein hat, soll man ihn nicht schubsen.

Dnepropetrovsk. Stadteinwärts prahlt die Reklame-Welt mit haushohen Schautafeln, auch die Ukraine ist in der Moderne angekommen. Lange, schattige Alleen, viele Parks, freundliche Märkte, Häuser aus allen Epochen der letzten zweihundert Jahre. Eine Straßenbahn, die gewagte Steigungen überwindet.

# Buswartehäuschen

Teterivka, Ukraine, Mosaik anlässlich der von den USA, der BRD und anderen Ländern boykottierten Olympischen Spiele in Moskau, hier mit Mischka, dem Olympia-Bär, 8.6.2007

Pisotschne, nordwestliche Ukraine, 28.8.2007

Kein Eingang zu einem römischen Bad, sondern eine Bushaltestelle bei Kmelnytsky in der zentralen Ukraine, 5.6.2007

Aerodrom, Flugplatz bei Krementchuk, 14.6.2007

Mosaik in Lykiv, nordwestliche Ukraine. Volkskunst, vielleicht Erntedankfest, 28.8.2007

Noch zwölf Kilometer bis Andreevskaja! Bushaltestelle bei Novaaninski, Russland

Offizier der Donkosaken, Bushaltestelle bei Novaaninski, Russland
Notwendiger Hinweis: »Sauber halten! Achten Sie die Mühe der Straßenarbeiter!«

Borissovski, Volgogradskaja Oblast, Russland
Dargestellt wird Grigorjev Melichov, Oberst der Don-Kosaken nach der Revolution von 1917, Figur aus dem Roman »Der stille Don« von Michail Scholochov.

VI

Roter Matrose in Pavlivka, gleich im ersten Dorf hinter Tynivka, 11.6.2007

Fröhliche Krieger, die offenbar in einen moralisch gerechtfertigten Krieg ziehen. Im Dorf Ataki, Angriff, in der südlichen Ukraine.

Demydivka, 14.6.2007

Ziganskje, 14.6.2007

Davydivka, Ukraine

Grygorivka, Ukraine, 19.6.2007

Bei Dikanka, 20.6.2007, Gogol-Tag

Bei Dikanka, 20.6.2007, Gogol-Tag

Bei Dikanka, 20.6.2007, Gogol-Tag

Archangelskoje in Russland. Als die Autos noch in die Zukunft rollten, wurden hier Billets für die Busse verkauft.

Krieger und Musikant in Obariv, Ukraine

Travnja. Travnja, ukrainisch Mai. Bei Vasylivka, 5.7.2007

Diese Kunstwerke stehen in Khrestyteleve, etwa 80 km von Cherkassy entfernt.

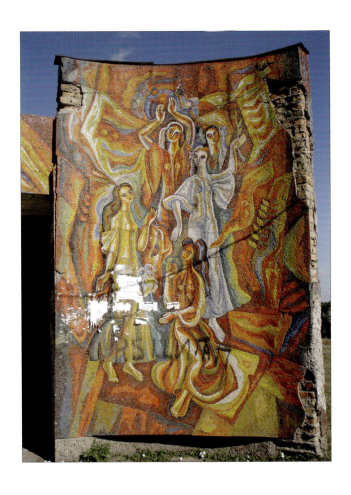

Revolutionsparadies in Tomakivka, auf der Strecke Saporoshnje – Nikopol, Ukraine

Skelki, am Nikopolschen Meer

Nicht alle Schafe sind blöd, manche auch böse. Traue hier keinem!

Bushaltestelle in Vylchyvka, ukrainische Karpaten

Mutter und Sohn in Nova Dibrova, Ukraine

XVII

Bushaltestelle am südlichen Stadtrand von Lviv, Ukraine

Bushaltestelle am südlichen Stadtrand von Lviv, Ukraine

Die Mosaiklegerin bei der Arbeit. PLITOTSCHNIK-MOSAITSCHNIK, heißt der Beruf.

Kohlearbeiter aus dem Donbass, östliche Ukraine

Kohlearbeiter aus dem Donbass, östliche Ukraine

Kohlearbeiter aus dem Donbass, östliche Ukraine

Kohlearbeiter aus dem Donbass, östliche Ukraine

Noch immer aktuell: Friede den Städten, keine neuen Raketen! Bushaltestellen im Dorf Pervomaiskoje, 1.Mai, in Russland.

unmöglich ist, mit dem Fahrrad darüberzufahren. Aber neben der Straße verläuft ein kleiner Pfad. Nur Äste und kleinere Baumstämme stören dort. Ich fahre, so schnell ich kann, trotz der akrobatischen Fahrweise 20 km/h. Ich bilde mir ein, es sei der gelbe Backsteinweg, der in die Smaragdenstadt führt.

### DIENSTAG – DIENSTAG
### 10. JULI –17. JULI 2007, POLTAVA

Peinlich, ich rauche wieder. Zigaretten sind billig, 50 Cent die Schachtel.

Im Biergarten lese ich eine witzige Warnung in Kriminalni mir, einer russischen Boulevardzeitung. Die Schlagzeile der Woche lautet: MANJAK IM WALD BEI LIPEZK!

Das Titelfoto zeigt einen bulligen Kerl mit Schäferhund.

Rasche Einsicht: Wenn ich diesem Menschen im Wald begegnen würde, hätte ich tatsächlich Anlass, Furcht zu empfinden.

Lipezk liegt nicht weit von Saratov.

Aber der Mann auf dem Titelbild ist gar nicht der Verrückte, sondern ein Milizionär. Er hat den Manjak festgenommen. Der Manjak, der Schlimme, ist auf Seite zwei abgebildet. Ein schmächtiges Bürschchen, wie es scheint, dessen Anblick Mitleid erregt. Doch wie beruhigend zu wissen, dass die Miliz auch in den Wäldern für Ordnung sorgt.

Nachricht im Internet, bei Russland-aktuell:

Montag, 16. Juli 2007

Russische Gangster rauben 150 000 Euro von Gastarbeitern

Moskau. Ein Reisebus ist auf einer Landstraße von maskierten Gangstern gestoppt und ausgeraubt worden. Der Bus befand sich auf dem Weg von Volgograd nach Moskau. An Bord waren 20 Vietnamesen, die auf Moskauer Märkten arbeiten wollten.

In der Nacht von Sonntag auf Montag wurde der Bus in der Nähe von Serebrjano-Prudsk von einem Mann in der Uniform der Verkehrspolizei angehalten. Nachdem der Bus gestoppt hatte, stiegen acht vermummte Männer in Tarnanzügen ein und bedrohten die Gastarbeiter mit Maschinengewehren.

Die Gangster durchschritten den Bus von vorne nach hinten und sammelten dabei Geld und Schmuck der Vietnamesen ein. Gesamtbeute: fünf Millionen Rubel (rund 150 000 Euro), 1 600 US-Dollar (rund 1 300 Euro) und persönliche Gegenstände, wie Schmuck.

Volgograd – Moskau, parallel zu dieser Strecke werde ich fahren. Der Überfall fand natürlich gezielt statt, denn durchschnittliche Reisende tragen in Russland nicht so viel Geld bei sich.

## 31 – Mittwoch, 18. Juli 2007
## Poltava – Nadeschda, 140 km (3923)

Auf nach Russland! Nur noch eintausendfünfhundert Kilometer bis Saratov! Zunächst zu den Kohlegruben, in den Donbass.

Mittlerweile kenne ich in Poltava jede Ausfallstraße nach Süden, Osten, Norden. Auch in diesem Rayon haben die Bushaltestellen-Künstler einen eigenen Stil entwickelt. Eine Vorliebe für Gelb ist zu bemerken, insgesamt sind die Farben der Steine heller als in anderen Regionen. Keine Propaganda-Motive, stattdessen Markterzähler, Blumenfrauen, Vögel und Pferde. Große, gewagte erzählerische Entwürfe allerdings fehlen.

Um den Rausch zu steigern, höre ich mehrmals hintereinander *The End* von The Doors.

Wo ist die organisierte Gewalt-Kriminalität eigentlich stärker, in Italien oder in Russland bzw. der Ukraine? Kann hier eine Mafia-Organisation Hinrichtungen auf offener Straße vornehmen? Haben die Krankenwagenfahrer in Russland Angst, Schussopfern zu helfen? Natürlich nicht. Aber Italien ist ein beliebtes Reiseland. Der Grad der Ablehnung solcher Kulturen, wie der ukrainischen und russischen, zeigt jedes Mal nur, wie stark die Angst vor der Fremde ist, die der Betreffende in sich trägt.

Russland und die Ukraine erfüllten Nietzsches Prophezeiung, dass sich im Sozialismus das Leben selbst die Wurzeln abschneidet.

Starke Mentalitätsunterschiede: In Deutschland ist die Beurteilung von Personen oftmals der nüchternen Wahrheit verpflichtet. In den östlichen Ländern werden das Lobenswerte, der Reiz und der Charme des anderen betont. Bevor man sich zu übervorteilen sucht, spricht man sich Wertschätzung aus. Deutsche lieben die Regeln und den Streit, Russen die Verständigung und klare Hierarchien. In Russland ist Korruption ein Demokratieersatz.

In Poltava habe ich meine Notizen vervollständigt. Es dauert oft ziemlich lange, bis brauchbare Formulierungen auftauchen. Die unbrauchbaren Formulierungen haben nur eine Eigenschaft – sie klingen peinlich und lösen ein Gähnen aus.

Heiß ist es, ich fahre mit Sonnenbrille. In einem Gartenrestaurant bekomme ich eine Okroschka, die so gut schmeckt, dass ich mich gleich in die Köchin verlieben möchte. Sie winkt aus dem Fenster, nachdem ich von der Kellnerin ein Kompliment übermitteln ließ.

Die jungen Leute, die an den Nachbartischen unter Sonnenschirmen sitzen, sprechen allerdings gegen meine Zukunft als Stammgast. Drei Freundinnen schminken sich und saugen an Strohhalmen mit spitzen Lippen, sie schlürfen dreistimmig und übertönen noch die Musik, die aus den Lautsprechern schallt. Am nächsten Tisch sitzt ein kahl rasierter Muskelmann mit einer Frau im Arm, die er würgt, und sie bedankt sich mit einem schiefen Lächeln.

Eine Schwüle liegt über dem Ort wie vor einer angekündigten Hinrichtung. Um die Spannung zu lösen, müsste sich jemand in den großen Zeh schießen.

Ich genehmige mir ein Bier, schließlich bin ich heute schon einhundert Kilometer gefahren.

Lange Abfahrten. Unterwegs ein zweites Bier. Eine Laune – beschwipst fahren! Ich liebe die spritzenden Kieselsteine, die Grashalme, die gegen meine Waden schlagen, die staubigen Blätter der Pappeln am Feldrand – ach, Quatsch, ich liebe mein verfluchtes Leben. Es ist mir sehr peinlich, dies Geständnis zu äußern, aber doch, ich wiederhole hiermit (während ich an einer Kreuzung pinkle), das Leben ist schön!

Die Kreuzung hat sich der Teufel ausgedacht. Drei der vier Straßen unterscheiden sich kaum – über Felder geht's geradeaus, bis an den Horizont und darüber hinaus. Die vierte Straße führt auch über Felder, aber auch einen flachen Hügel hoch, der die Sicht versperrt. Dort also ist Hoffnung.

Ein quietschendes Wort, über das ich gerne lache: EVENT-KULTUR. Als Event gilt, wenn es gelingt, Menschen miteinander ins Gespräch zu bringen.

Ich wette, dass Nachrichten mit Hilfe von Rauchzeichen genauer übermittelt werden können als mit Hilfe elektronischer Medien. Der Rauch ist für geübte Wedler ein Alphabet mit unendlich vielen Buchstaben.

Schreibauftrag: Neufassung von »Dr. Jekyll and Mr. Hyde«.

Es war eine hervorragende Idee, für die ich mich sehr lobe, mir das Diktiergerät um den Hals zu hängen. Ich kann es mit einer Hand bedienen.

Wer ist nicht mehr nüchtern? Der Mann am Straßenrand? Der Mann gibt ein Stoppzeichen wie ein Milizionär, trägt aber keine Uniform. Er hält jedoch einen Ausweis in der Hand.

Er stellt sich als Veterinär-Inspektor vor. Ich bin keine Kuh, also habe ich nichts zu befürchten.

Er blickt mir in die Augen und sagt: Sie haben ja Alkohol getrunken! Ich dachte, Sie sind ein Sportler!

Ich bin ein Sportler, der zu oft eingeladen wurde, antworte ich.

Er will mir nicht glauben, dass ich in Berlin nur selten Bier trinke.

Viktor heißt der gute Mensch, und er lädt mich in sein Haus ein, dort könne ich übernachten.

Der nächste Verführer, längerer Blick in seine Augen. Im Wunderland stehen alle Türen offen.

Er fährt mit dem Jeep voraus, ich folge ihm. Zwei Dörfer durchqueren wir, dann geht's durch Wald und über Wiesen.

Das Haus liegt am See, hinter dem Zaun grunzen vietnamesische Hängebauchschweine.

Im Garten stehen Dutzende Bienenstöcke. Zwei Hunde bellen, zerren an ihren Ketten, sie wurden sicher nicht mit Fertignahrung aus der Büchse großgezogen. Etwa ein Dutzend Katzen springen durch die Sträucher.

Viktor hat Frau und Kinder, Natascha und Alexander, zwölf und acht Jahre. Ich soll mich duschen, dann wird es Essen geben. Borsch, kühles Bier. Nina, Viktors Frau, arbeitet als Lehrerin und im Heimatmuseum, das sie selbst mit aufgebaut hat. Wir trinken auf unsere Bekanntschaft, auf die Freundschaft, auf den Frieden und auf die Familie. Nina meint, ich könne so lange bleiben, wie ich wolle. Viktor zeigt

mir den Garten, die Felder hinter dem Haus. Wir
zählen die Nutzpflanzen, er meint, es seien fünfzig.
Melonen, Kartoffeln, Kräuter, Obstbäume, Rüben,
Beerensträucher, bei dreißig hören wir auf zu zählen.
Vor sieben Jahren erst begann die Familie, das Land
urbar zu machen, das Haus zu bauen. Einstöckig,
Bad, Küche, vorerst zwei Zimmer.

Wir mähen die Wiese, füttern die vietnamesischen
Schweine, besuchen die Bienen. Viktor nähert sich ihnen ohne Netz, ich folge ihm, öffne selbst die Kästen,
aber erst, nachdem er ausdrücklich versichert, dass es
»freundliche Tiere« sind. Mehr als eine Tonne Honig
hat Viktor eingelagert, er will ihn in Donezk auf dem
Markt verkaufen, doch dafür ist Schmiergeld nötig.

Er zeigt mir seinen Lohnschein. Von 900 Griwna
bleiben ihm nach den Abzügen etwa 550 – 70 Euro.

Zum See sind es nur ein paar Schritte. Viktor kontrolliert die Angeln auf dem Steg. Wir setzen uns in
Campingstühle. Ich schlage einige Mücken tot. Frösche quaken unter dem Steg, der Mond ist längst auf-
gegangen, er spiegelt sich im See.

Donnerstag, 19. Juli 2007, Nadeschda

Es ist zu schön hier, ich muss wenigstens einen Tag
bleiben. Nur Viktors Familie lebt an diesem See.
Zwei Rohbauten sollten mal Häuser werden, wurden
aber von den Besitzern aufgegeben. Viktor meint, ich
könne sie für achthundert Dollar kaufen, vielleicht
auch für hundert. Das nächste Dorf heißt Nadeschda,
die Hoffnung.

Abends kommt ein Freund aus Kharkov, wir sitzen am See, angeln und trinken, schlafen in Zelten.

Um ehrlich zu sein: Das Saufen macht großen Spaß! Ich liebe Wodka! Woah, das Wässerchen raut die Kehle auf! Eben noch auf dem Fahrrad gesessen, den Ziegen was von Gennadij Gor erzählt, von den Blockadegedichten aus Leningrad, schon sitze ich in einer Küche, vor dampfenden Bratkartoffeln, mit einem Gläschen in der Hand. – »Nravitza? V kuzno? Schmeckt es?« – »Ich fühle mich wie im Märchen.« »Oh, eine gute Antwort, was möchtest du noch essen und trinken, welches Fest sollen wir dir zu Ehren feiern?«
Nachts heulen die Wölfe, am Morgen werden ihre Opfer eingesammelt. Ein Bauer bringt Viktor als dem zuständigen Inspektor die Kadaver, drei Ziegen wurden gerissen.

An welchen Orten war ich in Ukraine/Russland besoffen? In P., G., S., W., N., B., nun, es sind noch einige mehr. Das geht so schnell, herrlich. Einen heißen Borsch darf man gar nicht ohne Wodka essen, und schon gar nicht in Gesellschaft schwer arbeitender Gastgeber, es wäre eine Beleidigung für Seele und Gemüt. Der Wodka ist ein finsteres Ja, ein Ja, das in einer demokratischen Kultur sich nicht halten kann, weil hier zu viele rationale Abwägungen getroffen werden müssen, während das Ja in der Steppe und in den Wohnsilos die Finsternis vor Augen hat. Das Ja darf keinen Geschmack haben, es soll den Geschmackssinn schärfen.

## 32 – Freitag, 20. Juli 2007
## Nadeschda – Pomyshuvakha
### 114 km (4037)

Vierzig Grad sollen es heute werden. Bevor ich abfahre, repariert Victor meine Lenkertasche, der Reißverschluss klemmt, das Futter ist eingerissen. Von den vielen Geschenken darf ich einige ablehnen, unter anderem ein Kilogramm Tomaten, ein Kilogramm Gurken und viele andere Kilogramm Äpfel, Birnen, Pflaumen, auch den rohen Speck und Honig.

Wir stellen uns zu einem letzten Foto auf. Viktor fährt mit dem Auto voraus zur nächsten Landstraße. Einmal hält er an und zeigt auf ein Wiesel, das sich auf einem Hügel das Fell putzt.

Erstaunlich immer wieder, dass ich das Fahrrad nicht abschließen muss, wenn ich ein Magazin betrete oder in einer Bierstube einen Borsch esse. Die Lenkertasche mit dem Reisepass, der Geldkarte und anderen Wertsachen lasse ich fast immer am Fahrrad. Blickkontakt genügt, und selbst der ist nicht immer gegeben. Niemand wird mich hier beklauen. Um mit diesem Rad fahren zu können, braucht man ohnehin einige Übung.

In Smyrnivka (die Ruhige?) steht eine Frau am Straßenrand, sie ruft mir zu, ich möge halten. Auf Mitte fünfzig schätze ich sie, die Haare trägt sie kurz, ein Pagenschnitt.

Wie lange fahren Sie schon Fahrrad?, fragt sie. Wie viele Kilometer am Tag fahren Sie? Wie viele Pausen machen Sie? Wie viele Liter trinken Sie?

Nur für Zahlen interessiert sie sich. Ich erkundige mich nach ihrem Beruf.

Ich bin Mathematiklehrerin!, antwortet sie.

Solch ein schwieriges Fach, stöhne ich.

Nein, ein faszinierendes!, meint sie und tanzt beinahe vor Vergnügen.

In Dnepropetrowsk unterrichtet sie, deshalb die moderne Frisur. Hier hat sie ihren Eltern bei der Ernte geholfen.

Sagen Sie nicht, wo Sie herkommen! Ich möchte raten!

Sie rät falsch, meint, ich käme aus Prag.

Und was essen Sie unterwegs?, fragt sie.

Ich habe noch nicht geantwortet, da zieht sie eine Pirogge aus der Tasche, eine mit Preiselbeeren.

Essen Sie die Piroggen! Essen Sie die Piroggen!, ruft sie.

Ich möchte nur ein Stück, aber sie besteht darauf, dass ich die ganze nehme. Auch in drei Tagen sei sie noch genießbar.

Sie fragt nach meinem Beruf.

Ich sage gleich die Wahrheit.

Schreiben Sie über die Piroggen! Schreiben Sie über die Piroggen!

Sie tanzt und klatscht in die Hände, aber ihr Bus kommt, mit dem sie in die Stadt möchte. Wir umarmen uns zum Abschied, und ich verspreche, ihren Auftrag auszuführen. Dann läuft sie winkend über die Straße.

Bushaltestellen-Motive: Mischka, der Olympia-Bär, außerdem Bergarbeiter. Der Bergarbeiter wird natürlich nicht von der Industrie beherrscht, er blickt auf sie herab, er lenkt und leitet sie und blickt frohgemut in die immerfort weiter sich öffnende graue Zukunft.

Schlafstelle in einem Mischwald, bei Pomyshuvakha, dichte Sträucher, am Horizont Abraumhalden.

## 33 – SONNABEND, 21. JULI 2007
### POMYSHUVAKHA – DOBROPILJA
### 110 KM (4147)

Heiß, die Sonne brennt in den Kniekehlen. Ein feuchtes Tuch im Nacken kühlt ein wenig.

Ich höre die Lieder, die mir die Zwillinge Julia und Natascha für die Reise schickten – ach, sie wollten bestimmt, dass ich weine.

Breite, gut asphaltierte Straßen, die üblichen Sonnenblumen- oder Maisfelder. Apokalyptische Reste des Bergbaus: schwarze Halden, leere Fabrikgebäude, einige in der Größe von Hochhäusern.

Bereits am Mittag genehmige ich mir ein Bier. Ein geistig beschatteter Mensch sitzt wie ich auf der Treppe vorm Magazin. Er hat sich ziemlich lange nicht gewaschen. Er ist nicht jedermanns Freund. Keiner der Kunden, die das Magazin betreten, grüßt ihn. Ich spendiere ihm ein Bier, er kann es kaum fassen. Ich frage ihn ein bisschen aus, Familie, Arbeit, seine Antworten sind nicht ganz klar. Ich könnte mit ihm mitgehen und bei ihm wohnen, meint er. Oh ja, das will ich bestimmt.

Ich fahre weiter und wundere mich, wie stark die zwei Biere wirken. Eijeijei. Ich stelle das Rad ab, will mich auf der Landkarte orientieren. Kein Straßenschild. Alle vier Straßen sehen wieder einmal irgendwie gleich aus.

Ich muss kichern, setze mich ins Gras. Herrlich, ich bin Paul allein auf der Welt – Paul, großer Held eines Kinderbuchs aus den zwanziger Jahren, erwacht eines Morgens in seinem Bett, und alle außer ihm sind verschwunden, die Eltern, die Freunde, die

Geschwister. Paul kann endlich tun, was er möchte, Geld aus der Bank schleppen, quer über die Wiese im Stadtpark laufen, trotz der Verbotsschilder, sogar Straßenbahn kann er fahren und ein Flugzeug fliegen. Das Flugzeug prallt allerdings gegen den Mond und Paul fällt wieder auf die Erde – und dort ist er sehr glücklich, dass er alles nur geträumt hat.

G. besaß das gleiche Buch, er riss die letzte Seite raus, auf der Paul seine Eltern umarmt.

Am Mittag Pause in einem Waldrestaurant. Eine Hochzeitsgesellschaft feiert. Die Mama, die das Restaurant betreibt, würde mich am liebsten gleich auf die Matratze legen. Solch einen muskulösen Gast habe sie noch nie gehabt, schmeichelt sie. Drei ihrer Stammgäste laden mich ein. Es sind echte Businessmen. Einer trägt ein schwarzes Netzhemd, prächtige Muskeln spannen die Ärmel. Übers Geschäft reden sie nicht gern. Sie verkaufen Ausrüstungen für die Kohlegruben, so viel verraten sie.

Hier leben nur kultivierte Leute, meinen sie, als ich erzähle, wie oft ich gewarnt wurde, in den Donbass zu fahren.

Becketts weise Beobachtung, dass schon das Lutschen einiger Steine Welträtsel stellt. Reiche Seelen geraten leicht durcheinander, wenn sie zwischen eins und zwei wählen sollen. –

Angst eines dreizehnjährigen Jungen. Er sitzt im Keller in Dunkelhaft. Er will beten, kennt aber kein Gebet. Dass er ein Nichts ist, hat ihm der Vater gesagt, nun scheint es auch der liebe Gott zu bestätigen. Lieber Gott, gib mir bitte ein Zeichen. Es dauert lange, bis er diesen Satz ausgesprochen hat. In einem Abenteuerroman würde jetzt der Blitz ins Haus einschlagen, das weiß der Junge. Für ihn schmatzen nur die Mäuse.

Wie meine Annäherung an Russland sich fortsetzte, Episode aus Verbrechen und Strafe, Преступление и наказание: Ende der 90er Jahre nahm ich einen IL-LEGALEN in meiner Wohnung auf, einen Russen aus Donezk. Der arme Mensch wusste nicht, wie er wieder nach Hause kommen sollte. Ganz im Sinne Immanuel Kants hatte ich mir die Frage beantwortet, ob ich ihm Obdach gewähren dürfe. Wie soll man sich als gesetzestreuer Bürger verhalten, wenn ein vom Staat Verfolgter um Einlass bittet? Die Antwort nach Kant lautet: Den Verfolgten zur Vordertür hineinlassen und zur Hintertür wieder herauslassen, so hat man den Gesetzen Genüge getan und dem eigenen Gewissen. Ich durchtrennte den moralischen gordischer Knoten, indem ich den Flüchtling außer Landes brachte, im Kofferraum meines Autos. –

Wahr oder nicht wahr, so kann es gewesen sein.

1999 besuchte ich Kolja in Donezk, ausgerechnet im Dezember. Kolja zeigte, was Donezk bei minus fünfzehn Grad zu bieten hat. Ein McDonald's-Restaurant. Eine Prachtstraße im Zentrum, in der, meinte Kolja, »nur Juden wohnen«. Er würde einen

Juden immer am Aussehen erkennen, sagte er, aber Antisemitismus lehne er ab.

Besonders stolz war er auf seine Wohnung. Echte deutsche Raufasertapete an den Wänden! Weiße Gardinen wie in einer echten deutschen Wohnstube!

Welche Natter hatte ich an meiner Brust genährt? Für deutsche Raufasertapete hatte er im Gefängnis gesessen, sich um seinen Lohn betrügen lassen und in Angst vor der Polizei gelebt?

## 34 – SONNTAG, 22. JULI 2007
## DOBROPILJA – NOVOSILKA, 111 KM (4258)

Sieben Uhr morgens, zum Frühstück, erhielt ich schon die erste Einladung. Ein Schachtarbeiter, der ins Magazin kam, wollte mich unbedingt beschenken. Widerstand war zwecklos, Mineralwasser, Tomaten und Kaffee bezahlte er. Beim Wodka blieb ich standhaft, kein Tröpfchen. Wir frühstückten draußen, ich fragte ihn nach den Arbeitsbedingungen in den Gruben aus. Er wollte gerade auf den Markt, um seinem Enkel zum Geburtstag ein Fahrrad zu kaufen. Mir bot er Geld an, 70 Griwna, einfach so, für unterwegs. Ein etwa zwanzigjähriger Mann fotografierte uns, ihm zitterten die Hände so stark, dass er den Fotoapparat kaum halten konnte, obwohl er mit dem Motorroller vorgefahren war.

In zwei Stunden fünf spannende Bushaltestellen. Alle in einem schlechten baulichen Zustand. Bergarbeiter-Mosaiken verdeckt von Sträuchern.

Vierzig Kilometer westlich von Donezk. Noch viele kommunistische Städtenamen: Dimitrov, Komsomolskje, Telmanove. Wahrscheinlich haben die Stadtverwaltungen kein Geld, es zu ändern.

Eine Frau am Stadtausgang kennt den Weg ins nächste Dorf nicht. Sie holt Wasser vom Straßenbrunnen. Der Weg, den ich suche, ist nur eine Fahrradminute entfernt.

Wieder Sonnenblumenfelder.

Velyka Novosilka. Drei Flüsse fließen offenbar durch das Städtchen, das ich anfangs für ein Dorf hielt, alle drei mit märchenhaft schönen Namen, Mokri Yaly, Shatanka und Kashlahach.

Zwei Männer am Fluss fragen: Du bist hier alleine, hast du keine Angst?

Sie sehen aus wie viele ukrainische Männer, wie Hooligans. Meine Antwort, vielleicht als Warnung aufzufassen: Ich traf bisher nur gute Leute.

Daraufhin empfehlen sie mir eine Bar, gleich hinter der nächsten Brücke. Ich folge ihrer Empfehlung nicht.

Stattdessen finde ich ein Straßencafé. Drei Männer sitzen draußen, Taubstumme, wie ich an ihren Gesten bemerke. Ihre Fragen kann ich nun auch beantworten. Sie studieren meine Karte. Noch auf der Straße bildet sich ein Kreis von zehn, zwölf Leuten, die Elefant und Reiter bestaunen. Mehr als viertausend Kilometer durch staubige Wüsten, oh weh, oh weh.

Ein kranker Zahlentag, wie ich beim Notieren bemerke: 14 Uhr 14. 111 Kilometer gefahren. 5 Stunden 55 Minuten Fahrzeit. 44,4 km/h maximale Geschwindigkeit.

Aljona und Lena heißen die Kellnerinnen. Püree und gebratene Leber bieten sie an, wunderbar. Und ein kühles Bier.

Dass ich hier eine Nacht bleiben werde, ist ziemlich schnell klar, spätestens als Vasja erscheint. Vasja ist in meinem Alter und ein Afghanistan-Veteran. Die Frauen liebt er sehr. Sowohl die Taubstummen als auch Aljona und Lena erklären ihm, wo ich herkomme. Ich brauche nur nicken und essen, die Angaben bestätigen und seine Einladung annehmen.

Wir trinken ein Bier zusammen, dann fährt er mit dem Motorroller voraus, ich mit dem Fahrrad hinterher. Im fröhlichen russischen Blau sind die Häuser gestrichen, die Straße besteht aus Löchern. Vasja muss erst seinen Hund an die kürzere Kette legen, bevor ich mein Fahrrad auf den Hof schieben kann. Der Hund hat tellergroße Augen und ein Gebiss, das töten will. Fast bricht er sich das Genick, so blindwütig springt er gegen die Kette an. Wenn Hunde etwas über ihren Besitzer aussagen, muss Vasja ein ganz Böser sein, aber seine Augen sprechen eine andere Sprache. Im Hausflur zeigt er etwas – ein Objekt, das ich nicht näher beschreiben möchte, jedenfalls haben wir von nun an ein gemeinsames Geheimnis. Im Garten kann ich duschen, mich abseifen. Der Platz zwischen Mauerwand und Hundegebiss beträgt nur eine Armlänge.

Im Wohnzimmer hat Vasja die Bierflaschen schon geöffnet. Seine Schussverletzungen aus dem Afghanistan-Krieg, Narben am rechten Schienbein und quer über dem Knöchel, soll ich mir ansehen, auch das gehört zum Kennenlernen.

Dann Fotos – von seinen beiden Töchtern, auf die er sehr stolz ist, von seiner Frau, von Freunden, aus seiner Zeit als Soldat bei Kabul.

Heute arbeitet er als Kraftfahrer in Donezk, seine Frau als Lehrerin hier in der Kleinstadt.

Wir fahren zum Fluss, Vasja rasiert sich im Wasser. Einer Frau, die badet, ruft er zu: Mein Freund! Er kam mit dem Fahrrad aus Berlin!

Die Frau lacht und prustet ins Wasser wie ein Walross. Dann fragt sie dreimal ganz ehrfürchtig: Wirklich? Vasja ist in der sozialen Hierarchie gleich zwei Stufen gestiegen, dank des besonderen Freundes, den er vorzuweisen hat.

In der Bar warten die Frauen mit dem Essen auf uns. Sieben Personen essen und trinken auf meine Rechnung, am Ende kostet es so viel wie in Berlin ein halbes Mittagessen in einem durchschnittlichen Restaurant.

Mit Vasja anschließend Streifzüge durch das Nachtleben der sommerlichen ukrainischen Kleinstadt. Zwei Diskotheken haben geöffnet, doch die Party findet auf der Straße statt. Sowohl Acht- als auch Achtzigjährige trinken Bier und fahren Motorroller. Die Miliz ist nicht zu sehen, anders als bei vergleichbaren Gelegenheiten in Russland.

Wir setzen uns zu den Schachtarbeitern, sie schimpfen auf alle Politiker. Vasja bezahlt das Bier nicht, er lässt anschreiben, hier wie in drei weiteren Bars. Nach Lust und Laune begleicht er ein-, zweimal im Monat die Rechnungen, meint er.

Vier reiche Typen fahren im 100 000-Dollar-Jeep vor, Oberkörper frei, Goldkettchen, Schlüsselbund am Daumen, nach dem Motto, haste nicht, kannste nicht. Vasja, auf meine Frage, wie diese Leute zu ihrem Geld gekommen seien: Wieso viel Geld? Ich besitze drei Busse. Ich glaube ihm nicht.

Im Mondschein sitzen wir bei Lena und Aljona. Vasja schlägt vor, ans Meer zu fahren. Es sind nur 120

Kilometer. Aber ich will in zwei Tagen an der ukrainisch-russischen Grenze sein, denn in Russland, in
Rostov-na-Donu, werde ich erwartet.

## 35 – MONTAG, 23. JULI 2007
## NOVOSILKA – GRANITNE, 118 KM (4 376)

Vasja begleitet mich am Morgen aus der Stadt, die
nirgendwo ihren dörflichen Charakter verliert. Ich
muss ihm versprechen, die Straßen zu wählen, auf denen seine Busse fahren. Er sei dann beruhigt, meint
er. Die Ziegen am Wegrand staunen, dass ich schon
weiterfahre.

Ein Gewitter zieht auf, aber es nieselt nur, gutes
Fahrradwetter.

Ich habe Kopfschmerzen, auch zwei Aspirin-Ta-
bletten helfen nicht. Ich finde ein Magazin, schwatze
mit zwei Babuschkas, trinke Kvas, fahre weiter. Es
nieselt stärker. Ich ärgere mich, weil ich im Magazin
nicht fotografiert habe. Wenn man höflich fragt, wird
es meist auch gestattet.

Aber es sind so viele Motive, die ich gern fotografieren würde!

Unbedingt die schönsten Ziegen! Ich sah Ge-
schöpfe, die nur der Herrgott geschaffen haben kann!
Eine Ziege, da bin ich mir sicher, war eine Wiederge-
burt von Aristoteles. Sie guckte so metaphysisch und
sah mehr als bloß Dinge. Auch die platonschen Schüler waren stark vertreten, die bescheiden zu Boden
guckten, um weiter behaupten zu können, sie würden in einer Höhle leben und rein gar nichts erken-

nen. Auch Nietzscheaner treffe ich häufig, die über alles meckern und denen gar nichts gefällt und die unbedingt den Wettbewerb um die schönste Stimme gewinnen wollen.

Die geistige Überlegenheit der Ziegen über Kühe oder Schafe scheint enorm. Unter den Kühen gibt es viele Hegelianer, die nur zwei Gedanken geradeaus zu fassen vermögen, diese aber werden ausführlich mit These und Antithese gefüttert und wieder und wieder durchgekaut. Zur Ehre der Tiere sei gesagt, dass ich auch nicht wüsste, wie ich mich als Kuh beim Anblick eines solchen Radfahrers verhalten sollte – der laut redet, als würde ihm ein großes Auditorium zuhören. Er lacht und singt, sogar in einer nie gehörten Sprache, MEIN HERZ BRENNT.

Es nieselt also weiter, und ich denke: Wenn ich schon durch eine verlorene Gegend fahre, sollte ich auch eine verlorene Stadt besuchen. So kam ich nach Vugledar.

Ich schiebe mein Fahrrad auf den Markt. Ein Limonadenverkäufer preist seine Ware so freundlich an, als wäre sie ein Heilmittel gegen schlechte Laune. Ich trinke einige Becher von dem blassen Zitronen- und Himbeerwasser. Mischa, der Verkäufer, erzählt, dass er mehr als dreißig Jahre unter Tage gearbeitet habe. Er meint, ich müsse unbedingt mit ihm frühstücken und ein Gläschen mit ihm trinken. Da es nun heftig regnet, bin ich nicht abgeneigt. Er holt mir einen Stuhl, wischt einen Tisch trocken und berichtet den Verkäufern von den Nachbarständen, wo ich herkomme. Der Kollege von nebenan spendiert frisch gebrühten Kaffee, andere überbringen Wurst, Tomaten, Gurken. Bezahlen darf ich nichts. Den Samogon, das ukrainische Nationalgetränk, hat Mischa unter den Limonadenbehältern versteckt. Es ist selbstgebrannter Wodka, er kann einen Alkoholanteil von 60–90 Prozent haben. Mischas Hausgetränk hat wohl erträgliche 60.

Es wird eine längere Pause. Mischa erzählt, dass er bis vor kurzem Marktleiter war, doch man habe ihn abgesetzt, er sei Opfer einer Intrige, er habe ehrlich gearbeitet. Mit dem Verkauf seiner Limonade wolle er kein Geld verdienen. Wichtig sei ihm, dass die Leute gern zu ihm kämen. Sergej, mit dem er seit vierunddreißig Jahren befreundet ist, setzt sich zu uns, auch er ist Pensionär, arbeitet aber noch in der Wohnungsverwaltung.

Und dann schimpfen sie gemeinsam: Gorbatschov habe alles kaputt gemacht, unter Breschnev habe es keine Arbeitslosen und keine Drogensüchtigen gegeben. Hier auf dem Markt sehe man, dass sich alle Nationen verstehen könnten.

Nebenbei kommen immer wieder Kinder, die sich Limonade einschenken, ohne dass Mischa unser Gespräch unterbricht.

Nur ungern lässt er mich fahren. Sooft ich auch widerspreche, fünfzig Limonadenpäckchen muss ich mitnehmen, auch Wurst und Äpfel, auch ein Fläschchen Samogon, obwohl ich ihn sicher nicht trinken werde.

Nach wenigen Kilometern durch den Nieselregen tauchen drei goldene Kuppeln am Horizont auf. Habe ich wirklich so viel getrunken? Doch es ist keine Fata Morgana, sondern eine große Kirche, wie ich bald sehe.

Ich schiebe mein Fahrrad durch die Toreinfahrt, ein Mönch in grauer Kutte begrüßt mich, er meint, ich könne mir gerne die Anlage ansehen, jedoch nur in langer Hose. Ich suche die Jeans im Gepäck, das dauert etwas. Ich habe den Gürtel noch nicht geschlossen, da kommt der Mönch im Laufschritt aus der Küche, in seinen Armen ein Tablett mit Borsch, Weißbrot, Spiegeleiern, grünem Tee. O bosche moi.

Der Mönch erzählt, dies hier sei die größte Kirche der Ukraine, ein Nachbau der Erlöser-Kathedrale von Moskau. Die Zeiten seien schwierig und unsicher, meint er, nicht alle Menschen lebten ehrlich.

Ich verweise auf meine Erfahrungen. So unsicher können die Zeiten doch wohl nicht sein.

Dann führt er mich über die Klosteranlage, nicht alle Bereiche sind zugänglich, es wird noch gebaut, auch die Kirche selbst kann nicht besichtigt werden. Dafür lädt mich der Mönch ein, das geweihte Wasser zu trinken, ich spüre natürlich, wie neue Energie mich durchströmt. Er füllt mir eine Flasche ab, jeden Tag soll ich einen Becher voll trinken, um glücklich nach Russland zu kommen.

Zum Abschied erhalte ich wieder Geschenke, eine Packung Kekse und eine Packung Tee. Ich kann die vielen Gaben kaum noch fahren.

Schlafplatz in einer leeren Landschaft. Der nächste Ort heißt Granitne. Gepflügte Äcker, kühler Wind. Nachts schleichen Füchse oder wilde Hunde ums Zelt, nur wenige Meter entfernt. Um sie besser hören zu können, habe ich das Diktaphon angeschaltet, die Kopfhörer in die Ohren gesteckt. Es klingt, als würden sie niesen. Ach, es sind so ängstliche Tiere.

Waldmäuse, Käfer, Eulen und Igel wetteifern in Lärmduellen, es wird gefaucht, gehustet, gesungen, geschmatzt, gemeckert, gelacht, und Maulwürfe möchten den Zeltboden durchbohren. Es ist durchaus nötig, manchmal mit der Faust auf den Boden zu schlagen und RUHE! ins Erdinnere zu rufen.

## 36 – DIENSTAG, 24. JULI 2007
## GRANITNE – SIDOVE, 78 KM (4454)

Am Morgen Fahrt durch Telmanove. Es ist kein Thälmann-Denkmal zu sehen, auch keine spannende Bushaltestelle. Schade. In 2000 Jahren werden die Mensch-Maschinen die Götzen ihrer Vorfahren sorgfältig ausgraben.

Unglaublich heißer Tag.

Die Kekse und den Tee des Mönches verschenkte ich an eine Bauernfamilie. Sie saßen vor ihrem Haus, klagten über die wochenlange Hitze. Am Meer waren sie noch nie gewesen. Die Ernte falle schlecht aus. Ich fragte, ob ich die Pumpe am Straßenrand benutzen könne. Sie schenken mir eine Flasche Wasser mit Eiswürfeln, eine Kostbarkeit. Es ist Grenzland, die alten Busverbindungen sind unterbrochen.

Kurz vor Sidove hält ein Milizionär mich an. Von Überfällen kann ich ihm nicht berichten, wohl aber von den reichen Gaben, die ich auf der Fahrt durch sein Land erhalte habe. Königliche Empfänge waren mir bereitet worden, ich traf aktive und pensionierte Parlamentsabgeordnete und teilte das Stroh mit Stallknechten. Einige Tresore waren nur für mich geöffnet worden, selbst Bettler wollten ihre Einkünfte mit mir teilen. Und ich hatte Kunstwerke gesehen, die vielleicht niemand vor mir entdeckt hat.

Der Milizionär hört mir zu. – Nein, keine Überfälle erlebt, nur Einladungen und Geschenke erhalten, nur ehrliche Leute getroffen.

Da läuft dieser gute Mensch die Treppe hoch ins Kontrollhäuschen, reißt die Tür auf, winkt mit einem Schlüsselanhänger und ruft: Sie sollen auch mit einem Geschenk aus der Ukraine abreisen! – Dann überwindet er alle Hindernisse wie im Fluge, Geländer, Blumenbeet, Schlagbaum, schon umarmt er mich mit feuchtem Atem und drückt mir ein goldglänzendes Plastik-Auto in die Hand.

Am Strand die übliche Lärmhölle. Ich trinke Bier, es ist der letzte Tag in der Ukraine. Ein Schachtarbeiter setzt sich zu mir, wir trinken zusammen. Freundschaft schließt man hier, bevor man sich kennenlernt, das vergesse ich manchmal.

Er empfiehlt mich seiner Wirtin, sie vermietet mir ein Zimmer und erklärt mir die ukrainische Politik mit Hilfe der Bibel. Früher war sie Volksdeputierte, das Bibelstudium erleichtert ihr den Abschied vom Kommunismus. Sie habe die Wahrheit erst spät erkannt. Von Lenins Lokomotiven zur Arche Noah, es gibt schlimmere Irrtümer.

Als Geschäftsfrau ist sie eher gierig als altruistisch.

Für mein Fahrrad soll ich ebenfalls die Übernachtung bezahlen, obwohl es keine Bettwäsche benutzt und keinen Strom verbraucht.

Am Strand: Die Verkäuferin der Sonnenbrillen ist Sportlehrerin, jetzt in den Ferien arbeitet sie fürs Überleben.

Unverständliche Fragen immer wieder: Was essen Sie auf Ihrer Reise? Haben Sie eine Landkarte? Was machen Sie, wenn es regnet, wenn Sie krank werden? Kann man im Westen Marlboro-, Camel-, West-Zigaretten kaufen?

## 37 – MITTWOCH, 25. JULI 2007
## SIDOVE (UKRAINE) –
## ROSTOV-NA-DONU (RUSSLAND)
## 145 KM (4600)

Fünf Uhr dreißig. Nur fünf Stunden geschlafen. Die Wirtin verabschiedet mich mit einer Tasse Kaffee und mit Wangenküssen. Über den leeren Marktplatz streunen die Hunde. Letzte Besucher schlurfen aus der Stranddiskothek. Einige Frauen bauen am Rand des Marktes schon ihre Honiggläser auf.

Ich werde am Nachmittag in Rostov erwartet, deshalb der frühe Aufbruch. Eigentlich bin ich nicht glücklich mit meiner Entscheidung, gleich heute in eine Großstadt zu fahren. Andererseits trägt Rostov-na-Donu den Namen »Tor zum Kaukasus«, und meine fürsorglichen Freunde aus Saratov meinten, ich müsse unbedingt diese Stadt ansehen und »unsere lieben Kolleginnen« im Deutschen Lesesaal besuchen und den Besuchern von meiner Reise berichten. In einigen Städten Russlands gibt es Deutsche Lesesäle, meist in den zentralen Bibliotheken, sie werden vom Goethe-Institut mit Büchern und Zeitschriften beliefert.

Es sind Ferien, wahrscheinlich werden zehn Besucher zu der Veranstaltung kommen, denke ich mir. Ich habe keine Ahnung, ob ich in der Lage sein werde, mich verständlich zu äußern. Ich fahre nur Fahrrad. Pod-goru i na-goru, pod-goru i na-goru. Bergab und bergauf.

Noch zwanzig Kilometer bis zur russischen Grenze. Gesamtfahrzeit: 270 Stunden. Keine Reparatur am Fahrrad, keine Reifenpanne!

Quer über die Felder und auf Graswegen. Zwei Dörfer. Jeder Hund erzählt mit seinem Bellen eine andere Geschichte. Mancher sieht sein Leben lang nur durchs Käfiggitter, vielleicht kann er niemals beweisen, welche Kraft in seinem Gebiss steckt, nur die taube Zunge muss es androhen. Andere, gewisse privilegierte Standesgenossen, werden gefönt im Mercedes kutschiert. Und manchmal bellen Adel und Unterschicht am gleichen Gartenzaun.

An der Grenze schwenken zwei ukrainische Offiziere schon von weitem ihre Mützen, als sie mich sehen. »Lance Armstrong! Schneller! Schneller!«, rufen sie. Einer macht die Grenze zur Ziellinie, er schlägt die Hände über dem Kopf zusammen, als mein Vorderreifen das Niemandsland erreicht. Sie gratulieren mir zum Etappensieg. Einen Kranz allerdings bekomme ich nicht, auch küsst mich keine Jungfrau. Lance Armstrong soll seinen Pass vorzeigen.

Nebenbei erhalte ich aber noch eine niederschmetternde Nachricht. Ich bin gar nicht der erste westliche

Fahrradfahrer hier. Vor einigen Tagen überquerte ein Franzose die Grenze, er kam aus Paris und wollte weiter nach Kasachstan. Da fährt man nun so weit und ist doch nur Zweiter!

Nach diesem Abschied hat es Russland schwer. Ob ich dort so freundlich empfangen werde?

Der erste Offizier, der die Schranke heben darf, erfüllt ganz das Klischee eines nicht sehr temperamentvollen Menschen, dem es eine Genugtuung bereitet, Reisende wie Flöhe zu betrachten.

Sein Kollege jedoch lacht, als er mein Fahrrad sieht.

Haben Sie kein Geld für ein Auto?, fragt er.

Dann ist die Einreisekontrolle auch schon überstanden, keine fünf Minuten dauerte sie. Ich schiebe das Fahrrad auf russischen Boden. Es ist natürlich nur der Wind, der mir Tränen aus den Augen treibt. Ich trinke den letzten Becher des geweihten Wassers, danke dem Mönch, bekreuzige mich und steige aufs Fahrrad.

Gleich kommen mir die nächsten Felder größer vor als in der Ukraine.

Die nächsten vierzig, fünfzig Kilometer schreien Herz und Hirn: Ich bin da! Ich hab's geschafft! Mit dem Fahrrad nach Russland! Ich könnte in den Lenker beißen.

Dann steht am Straßenrand ein Mann, der offenbar im Maisfeld übernachtete und wie ein entlassener Sträfling aussieht, eine echte Tarkovskij-Figur, kahl geschorener Schädel, Wollpullover, kantiges Gesicht.

Ich ermahne mich, wachsam zu bleiben.

Leider muss ich bis Rostov auf der Trasse fahren, und das bedeutet: Autos, Autos, neben mir. Es gibt keine kleinere Straße nach Rostov, rechts liegt das Asovsche Meer. Heiß ist es auch wieder, sicher vierzig Grad im Schatten, in meinen Kniekehlen sechzig.

Ich trinke zwei Liter Kvas, mein Nacken fühlt sich wieder steif an, der Hintern brennt sowieso ständig.

Acht- oder neuntausend Kilometer werden die Teilnehmer auf der Tour de Wolga bewältigen müssen, melde ich als Streckenplaner an die Zentrale. Das Streckenprofil ist schwieriger als erwartet. Die Tour de Wolga führt oft durch hügelige Landschaften, die Fahrer werden über das eintönige Auf und Ab kräftig fluchen. Auf den Abfahrten wurden Spitzengeschwindigkeiten von 60 km/h gemessen.

Hügel, übersetzt für den Fahrradfahrer, heißt: eine Minute Freude, zehn Minuten Schinderei. Und dann ist man oben, und gleich geht's wieder runter. Der Blick zum Horizont ist jedes Mal spannend. Wird der Anstieg länger sein als die Abfahrt? Kurzer Lohn, lange Strafe, diese Regel gilt fast immer. Die Augen auf den Asphalt gerichtet. Aus dem Sattel steigen. Bloß nicht auf das Ende der Steigung blicken. Fluchen. Im Rhythmus treten. Ich schaffe es!

Mittlerweile scheint es mir am ökonomischsten, das Rad in den Talsohlen bis 25, 26 km/h rollen zu lassen.

In meinem Kopf sprühen Funken, der Rauch brandgerodeter Felder schwebt über der Straße, ich halte mir ein nasses Tuch vor Mund und Nase, und fahre einarmig auf dem schmalen Asphaltstreifen, der zwischen Straßengraben und Autokolonne noch frei ist.

Ankunft in Rostov-na-Donu zwei Stunden später als erwartet. Die Stadt zieht sich hin. Drei Millionen Einwohner. Das Hotel, in dem ein Zimmer für mich reserviert wurde, steht im Zentrum, bis dahin muss ich Abgase schlucken. Breite Prachtstraßen. Den Gully-Deckeln ausweichen! Die Luft schmeckt nach Muskat. Die Kvasverkäuferin am Straßenrand versteht meine Bestellung nicht. Sie hört Musik in all dem Autolärm, die Kopfhörer möchte sie nicht absetzen.

Eine Badewanne! Die lieben Kolleginnen, die ich noch nicht kenne, haben an der Rezeption einen Brief hinterlassen. Anja, eine Dolmetscherin, wird zum Hotel »Rostov« kommen. Ein besonderer Wunsch wird mir am nächsten Mittag erfüllt: ein Besuch im Museum für Malerei. Ich möchte mein Ikonen-Gedächtnis auffrischen.

Da Anja etwas später kommt, wie sie per SMS schreibt, habe ich Zeit, mich erst einmal auszuruhen. Nötig ist es, die Fahrt heute war hart.

Vor dem Hotel warte ich auf der Terrasse, dort wird kühles Bier serviert. Anja ist Armenierin, sie studierte Deutsch an der Universität, demnächst wird sie ein Stipendium in Deutschland antreten. Anfangs will sie mir kaum glauben, dass ich wirklich die ganze Strecke mit dem Fahrrad gefahren bin. Erst die Aufnahmen im Fotoapparat überzeugen sie.

In den Ferien arbeitet sie auf einem Wolgaschiff als Dolmetscherin für deutsche Reisegruppen. Ihr Vater ist Jura-Professor.

Ich frage sie, ob das nicht ein komischer Beruf sei angesichts der Volkskultur des Schenkens und des Naturalhandels. Was bewirkt ein Paragraph in Russland?

Anja meint, es sei manchmal von Vorteil, wenn man mit Ordnungshütern über das Strafmaß verhandeln könne. Das russische Gesetz könne auch verzeihen, das deutsche nur rechnen, denn für jede Situation stehe schon die Regel fest.

In der Geschichte Russlands waren die Verbote oft so extrem, dass nur ihre Missachtung das Überleben der Gemeinschaft sicherte. Es war oft unmöglich, die

Gesetze zu befolgen. Kaum ein Mensch in Russland ist so dumm, die Regierung für die Entwicklung des Landes verantwortlich zu machen, denn alle wissen, dass der Staat nicht nur stark, sondern im gleichen Maße schwach ist, dass er als Parodie oder als Naturgewalt auftritt. Russland als moralisches Vorbild für die ganze Welt, als Alternative zu Gold und Technik im Westen, dieser (Alp-)Traum Dostojevskijs hinterließ bescheidene Ansprüche. In Deutschland definiert man Schuld vielleicht über Auschwitz, in Russland darüber, ob Brot im Haus ist. Die »Solidar-Beziehungen« sind nicht wie in Deutschland institutionalisiert, verstaatlicht, kommerzialisiert, sie bleiben in der Sphäre des Privaten. Angesichts der weit verbreiteten Gleichgültigkeit gegenüber jedweder Politik ist das eigentliche Wunder, dass Russland überhaupt eine Regierung hat.

DONNERSTAG, 26. JULI 2007
ROSTOV-NA-DONU (RUSSLAND)

Einen mittelschweren Schock erleide ich, als ich den Raum betrete, in dem das Treffen mit den Lesern stattfindet. An langen Tischen sitzen etwa siebzig Besucher, viele haben Notizbücher aufgeschlagen, Stifte liegen in Bereitschaft. Vier Kameras, Scheinwerfer, Mikrofone auf dem Tisch. Es wird fotografiert, ich fotografiere zurück. Einige Leute lachen, auch auf den Fotos.

Zuvor schon war ich wie ein alter Bekannter mit Tee und Gebäck empfangen worden, und die lieben Kolleginnen hatten erzählt, dass sie meinen soeben ins Russische übersetzten Rammstein-Artikel gelesen haben. Die Leser seien vorbereitet.

Unglaublich. Es ist mir etwas peinlich, so herzlich empfangen zu werden. Ich bin doch wirklich nur Fahrrad gefahren!

Aber die erste Bitte einer Journalistin lautet: Können Sie uns auf Russisch von Ihrer Reise berichten?

Auweia, auch das noch, eine Russischprüfung. Meine schlimmsten Alpträume werden wahr. Spätestens jetzt wird man mich als Scharlatan entlarven. Ein paar allgemeine Sätze bringe ich noch zusammen. Bereits die Vokabeln für blau (sini) und Elefant (slon) fehlen. Ich bin auf einem blauen Elefanten durch die Ukraine geritten. Kak eta budet porusski?

153

Die Dolmetscherin, die helfen soll, schwitzt mindestens ebenso stark wie ich, denn ihre frühere Professorin sitzt im Publikum, nur zwei Plätze von ihr entfernt, kein Versprecher wird überhört.

Dass im Publikum nicht nur Journalisten, sondern auch Literaturwissenschaftler sind, ist nicht zu übersehen. Ein Mann ist schwer einzuordnen, er trägt Vollbart, sehr selten in Russland.

Ich erzähle, dass ich so viele Kilometer fahren möchte, wie der Mt. Everest Meter hat. Achttausendachthundertachtundachtzig Kilometer durch die schwarze Mitte Europas, auf einem blauen Elefanten.

Auf solche blöden Gedanken kommt man nur beim Fahrradfahren, aber der Boulevardpresse gefällt es. »Wenn Westler reisen, reisen sie nicht ohne Idee« – schreibt später die »Gaseta Rostovskoi Oblasti« sinngemäß, dabei wollte ich ja gerade eine Idee vermeiden.

Dass die Tour de Wolga in Zukunft vielleicht jährlich stattfindet, verrate ich heute noch nicht. Die Testfahrt ist schließlich noch nicht beendet. Doch der bisherige Verlauf spricht sehr dafür, auch dieser atemberaubende Empfang in Russland. Wer bin ich denn, dass man mich hier so begrüßt?

Eine Frau fragt: Passiert es schnell, dass Sie sich unterwegs verlieben?

Selbstverständlich, in Jung und Alt, in Männlein und Weiblein.

Bald diskutieren wir über Dostojevskij, den Spaß gönne ich mir, wenn ich schon die Möglichkeit habe, mit Spezialisten zu reden. Tatsächlich wird es ein spannendes Gespräch, aber ich bin viel zu aufgeregt, mir Einzelheiten zu merken.

Auf jeden Fall zitiere ich Dostojevskijs Warnungen vor den Abstraktionen: Bald werden Menschen aus einer Idee geboren werden. Heute ist dieses Bald Vergangenheit und Gegenwart.

Die Professorin rechts am Tisch nickt wissend, aber sie äußert sich nicht.

PS: Der Abend endet in einem Park, nicht weit vom Hafen. Die Radiosender berichten von einem deutschen Radfahrer.

## 38 – Freitag, 27. Juli 2007
### Rostov-na-Donu – Semimajatschny
### 137 km (4737)

Auf nach Saratov! Richtung Norden. Über Novotscherkassk. Die Steppe lockt. In genau sieben Tagen möchte ich ankommen. Noch 1 000 Kilometer. Nur zwei größere Siedlungen gibt es auf dieser Route, Michailovka und Serafimowitsch. Ich werde den Don überqueren.

Erst hinter Schachty, nach siebzig Kilometern, wird die Gegend ländlicher. Auch hier gibt es die Bushaltestellen, verfallen in Schönheit. Auch hier sehen die Leute, die auf den nächsten Bus warten, mir ziemlich ratlos beim Fotografieren zu.

Gleich im ersten Dorf ein Gespräch mit drei alten Damen, die älteste ist vierundachtzig. Sie verkaufen vor ihrem Haus Tomaten, Zwiebeln und Paprika. Eine der drei kam infolge des Krieges hierher, sie stammt eigentlich aus Weißrussland, wurde von den Deutschen deportiert. Ich bitte, sie fotografieren zu dürfen, doch sie meint, sie sei nicht geschminkt.

Nach einigen Komplimenten über ihr jugendliches Aussehen ist sie einverstanden.

Dann ein Kuhhirte auf einem Pferd. Wir besprechen die Vorzüge unserer Verkehrsmittel. Er würde gern mit mir tauschen, ich mit ihm. Ein Wettrennen verliere ich, er reitet stolz zu seinen Kameraden am Flussufer.

Ein Schlafplatz wie erträumt. Zwanzig Kilometer bis zum nächsten Dorf, eine Landschaft ganz für mich allein. Die Sonne scheint noch stark, als ich das Zelt aufstelle. Die abendliche Dusche, diesmal mit kaltem Wasser. Sogar Eiswürfel schwimmen in der Flasche. Glücklicher Einkauf.

Die Freude über diese erste Nacht in einem russischen Wald scheint mein Sprachvermögen zu überfordern. In meinem Kopf wiederholt sich nur der nicht sehr geistreiche Satz »Ich bin da!«, bis ich, um den Sprung in der Platte zu überspielen, drei Mal laut rufe: »Ich bin da!«

39 – SONNABEND, 28. JULI 2007
SEMIMAJATSCHNY – MILJUTINSKAJA
163 KM (4 900)

Der Asphalt ist ganz gut, glatte Teerstraße zumeist. Schon im zweiten Dorf fahre ich in die falsche Richtung. Straßenschilder sind selten. In einem Garten repariert ein Mann eine Wasserpumpe. Seine Frau, als sie hört, wo ich herkomme, lädt mich in ihre Küche ein. Ich will eigentlich weiterfahren, denn wie soll ich vorwärtskommen, wenn der Tag schon mit einer

Pause beginnt. Aber eine Tasse Kaffee ist eine starke Verführung. Die Frau hat sich in der Gartenküche nur drei Mal umgedreht, schon stehen dampfende Bratkartoffeln mit Spiegeleiern auf dem Tisch. Tomaten- und Gurkensalat, Brot, Butter, Käse – Bitte greifen Sie zu!

Mein Gott. Ich würde mich am liebsten irgendwo hinlegen und weinen. Ich muss mich wirklich zusammenreißen, vor der Frau nicht loszuflennen. Wie gut, dass die Kartoffeln heiß sind und ich pusten muss, so fallen Tränen in den Augen nicht auf.

Die Frau ist mit ihrem Leben zufrieden. Ich frage nach der Stimmung im Dorf, wie es mit Arbeit sei. Sie lobt Präsident Putin. Molodez, Teufelskerl, nennt sie ihn anerkennend. Von Jahr zu Jahr werde es besser, seit er an der Macht sei.

Mittag in Tazinskaja. Im Tal der Gniloja. Wie ein silbernes Band zieht sich der Fluss durch die Stadt. Orte wie Borisovka, Katschali. Alle paar Kilometer ein Dorf, aber keine durchgehende Straße. Diese Erfahrung mache ich häufig: Manche Leute kennen den Weg ins nächste Dorf nicht.

Schlechter Boden, Schotter, spitze Steine. Ich bange um meine Reifen. Unter Mittag etwa zehn Kilometer durch eine Gegend, in der Karbonat abgebaut wird. Ekliger, feiner Staub. Eine Atemschutzmaske wäre angebracht. Die Augen brennen.

Die LKW sind hoch wie Einfamilienhäuser. Und die Fahrer vergessen das Lenken, wenn ich ihnen in einer Staubwolke entgegenkomme.

Dann ist die Luft wieder hell und klar. Drei betrunkene Jungs wollen irgendetwas, ich beachte sie nicht.

Oben, auf dem Berg, Blick auf eine Flusskurve, die an das Rheinknie erinnert. Doch eine Loreley treffe ich nicht, sondern eine Gruppe von Dorfjungen, die allen Ernstes mit mir um die Wette fahren wollen. Sechs Jungs teilen sich vier Fahrräder, Gepäck haben sie also auch. Ich fahre ihnen im Stehen davon, halbe Kraft genügt.

In einer Kneipe, wie ich sie liebe, trinke ich Kaffee, esse Eis. Mir gegenüber sitzt die Vorsitzende des Kolchos. Sie ist etwa fünfzig Jahre alt, wir trinken Bier und Espresso. Rauchen darf ich auch, ich kann dem Drang nicht widerstehen.

Sie schimpft über die Arbeitsmoral ihrer Leute, von zehn seien sieben betrunken, auch während der Ernte.

Nun, auf diese bittere Tatsache müssen wir auch ein Gläschen trinken. Sie bestellt.

Deutsche Arbeiter hätte sie gern.

Auf die Gesundheit!

Ihr Sohn studiert in Rostov Ökonomie.

Auf die Freundschaft und den Frieden und eine glückliche Reise müssen wir auch noch ein Gläschen trinken. Aber dann ist Schluss, dann sind wir vernünftig, nicht wie die faulen Arbeiter auf den Feldern, diese gottverdammten Säufer, die einfach nicht dankbar sind, wenn sie genug Geld für eine Flasche Wodka am Tag verdienen.

Wieder Kuhhirten auf Pferden. Sie sehen aus, als hätten sie Lust auf eine Prügelei.

Miljutiniski Rayon. Die Rayon-Grenze verläuft offenbar über ein Sonnenblumenfeld, so zeigt es jedenfalls ein Herzlich-Willkommen-Schild.

150 Kilometer. Ich bin zufrieden. Ein gelungener Tag bis jetzt. Ich rolle von der Straße ins nächste Dorf, kaufe das Abendessen ein. Ein Honig-Bier trinke ich gleich vor dem Magazin.

Zwei Mädchen aus dem Dorf, Lena, acht Jahre, und Dascha, dreizehn Jahre, fragen mich aus. Plötzlich rufen sie: Wir kennen Sie aus dem Fernsehen!

Ich glaube es nicht.

Doch, es ist wahr. Ein deutscher Radfahrer war im Fernsehen.

Nur die Miliz kennt mich nicht. Sie haben ihr Auto ein paar Meter entfernt geparkt, reden mit zwei Dorfbewohnern.

Dann kommt der Wichtigste auf mich zu. Er hat die Bluse bis zum Bauchnabel aufgeknöpft. Mit breiten Beinen, die Mütze im Nacken, steht er vor mir. Er vergleicht das Foto im Pass, prüft die Registrierung aus dem Hotel in Rostov, alles ist in Ordnung. Er fragt, wo ich heute Nacht schlafen werde.

Im Wald, antworte ich.

Er meint, im Wald sei keine Registrierung möglich.

Deshalb schlafe ich dort, will ich antworten. Aber ich sage: Ich kenne das Gesetz. Sie kennen es auch. Richtig?

Das Bier wirkt. Ich habe den starken Verdacht, dass sich die Autorität ausgelacht fühlt.

Er fragt nach dem Ziel meiner Reise, gibt den Pass zurück und entfernt sich. Ich öffne das nächste Bier, die Mädchen rufen: Wir kennen Sie aus dem Fernsehen! Und aus dem Radio!

Ich frage, welche Bücher sie lesen, und kenne keine der genannten Titel.

Die Miliz erörtert weitere Pläne.

Der Chef kehrt mit seinen Begleitern zurück und fragt sehr höflich, ob er meinen Pass noch einmal sehen darf.

Wozu, frage ich. Sie haben doch alles kontrolliert?

Er wolle die Angaben noch einmal überprüfen.

Warum, wenn alles in Ordnung ist? Sehen Sie kein Fernsehen? Sogar diese Mädchen kennen mich. Hören Sie kein Radio? Lesen Sie keine Zeitungen?

Ich musste gestern arbeiten, antwortet er, deshalb kenne ich Sie nicht.

Weil er so nett fragt, bekommt er meinen Pass noch einmal. Diesmal schreibt er sich meinen Namen und die Passnummer auf. Vielleicht will er sich nach oben absichern, falls ich doch ein Bandit bin. Oder er will sich wichtigtun. Oder das öffentliche Biertrinken ist inzwischen in Russland verboten, ich erinnere mich dunkel, so etwas gehört zu haben.

Die ganze Szene erinnert mich an eine Erzählung von Ray Bradbury, in der ein Mann verhaftet wird, weil er keine Musik hören möchte.

Schlafplatz neben einem Sonnenblumenfeld. Ein Fuchs sieht mir beim Duschen zu. Ich scheine ihm nicht zu gefallen, er läuft gleich weg.

Vorm Einschlafen folge ich einer gehässigen Laune und analysiere den Wichtigtuer von eben. Von Geheimdiensten kann man lernen, dass Opportunismus auf die meisten Menschen sympathisch wirkt. Der Spion lernt, Gestik und Mimik des Gesprächspartners nachzuahmen, je besser er das tut, desto weniger bleibt er auch in der Erinnerung des anderen. Den anderen spiegeln, das schafft Vertrauen.

40 – Sonntag, 29. Juli 2007
Miljutinskaja – X, 158 km (5 058)

Sieben Uhr morgens, gefrühstückt, das Zelt abgebaut. Ins erste Dorf, Nischnjepetrovsky, führen nur Sandwege, ich muss das Fahrrad schieben, es sinkt zu tief ein. Die schmalen Reifen sind auf diesem Boden ein schwerer Nachteil. Mein Kostüm leuchtet von weitem, mehrere Gruppen von Gänsen ereifern sich über den ungebetenen Besuch. Durch wie viele Dörfer bin ich eigentlich schon gefahren? An wie vielen Gänsen vorbei? Achthundert Dörfer? Einhundert

Häuser pro Dorf in Straßenlage? Dreißig Gänse vor jedem Haus? Eine Viertelmillion Gänse? Jedes freie Fleckchen Gras eigentlich wird zur Bewirtschaftung mit Ziegen, Kühen und Pferden genutzt.

Der Weg bleibt schlecht, die Gänse werden lauter. Die Hunde bellen sowieso, wahrscheinlich riechen sie die Bakterien ihrer Artgenossen, die ich aus drei Ländern hier einschleppe. Vermutlich ist heute Sonntag, die Leute werden sich freuen. Das halbe Dorf ist aber bestimmt schon wach. Nur die zweite, männliche Hälfte wird noch schlafen.

Im Magazin von Miljutinskaja, das bereits geöffnet hat, frage ich nach Kaffee oder Tee.

Die erste Verkäuferin antwortet: Nein, das ist nicht möglich.

Die zweite, ältere, offenbar die Chefin: Natürlich ist es möglich. Was wollen Sie trinken, Tee oder Kaffee?

Beinahe, um mich an der Jüngeren rächen, antworte ich: Beides!

Die Ältere räumt sogar einen Tisch für mich frei, an dem ich frühstücken kann.

Wie ich weiter nach Norden komme, wissen sie nicht genau. Die Straße, von der sie glauben, dass es die richtige ist, sei jedenfalls nur noch zehn Kilometer asphaltiert.

Doch sie irren sich, schon nach zwei Kilometern endet diese Straße im Nirgendwo zwischen Kuhherden und Teichen.

Die nächste Auskunft ist genauer. Ich soll den Fluss überqueren, die Gniloja.

Doch die Richtung ist bald wieder falsch, ich bin an einer Kreuzung ohne Schilder zu weit rechts abgebogen.

Das erklären mir die Verkäuferinnen im Magazin in Zevostjanov. Sie meinen, ich müsse vierzig Kilometer zurückfahren. Geradeaus ist nur Steppenland. Dort gibt es keine Straßen.

Keine Straßen? Aber Wege?

Nein, auch keine Wege.

Zurück? Niemals.

Ich bin fünftausend Kilometer geradeaus gefahren, und soll jetzt umkehren? Das ist nicht möglich.

Aber in der Steppe werde ich mich verirren, meinen sie.

Ich? Im kleinen Russland? Diese zivilisationsverzärtelten Verkäuferinnen wollen mir weismachen, ich könne mich nicht am Stand der Sonne orientieren?

Sie bieten mir einen Stuhl an, geben Ratschläge, studieren die Karte, streiten sich über die Kilometerangaben. Ich esse Schokoladeneis, trinke Joghurt, Kirschsaft und Kaffee, und bin mit allem einverstanden.

Redet nur weiter, ich fahre sowieso geradeaus! Ich kenne mich doch.

Eine Kundin schlurft von draußen rein, sie reklamiert eine Tüte Zucker, die hat nämlich ein Loch und es sind ein paar Krümel zu wenig in der Tüte.

Der Weg hat sich für sie gelohnt, jetzt sieht sie zum ersten Mal in ihrem Leben einen Ausländer, dem sie auch noch helfen kann, was für ein Märchen! Heute ist etwas passiert!

Ich will es probieren, auch gegen ihre Ratschläge. Ich habe vier Liter Wasser bei mir, das sollte reichen für etwa dreißig Kilometer, auch falls ich das Rad schieben muss.

Die Frauen: Sie sind mutig! Probieren Sie es!

Sie glauben jetzt auch, dass ich es schaffen kann.

Staubiger, lehmiger Boden. Das Dorf liegt bald hinter mir. Eine Herde Kühe, etwa hundert Tiere, nutzt den Weg ebenfalls. Der Hirte scheint noch beim Sonntagsfrühstück zu sein, zu sehen ist er nicht, auch keine Hunde.

Nach einigen Kilometern erreiche ich den letzten Orientierungspunkt, den mir die Verkäuferinnen nennen konnten, eine Koppel mit einer Tränke für die Kühe.

Dort ist auch ein Hirte, der mir noch einmal den Weg beschreibt. Doch ich verstehe nicht alles, was er sagt. Der Hirte meint, es sei möglich, dass ich mich verfahre, aber unwahrscheinlich. Er bietet mir Wasser an, will mich zur Pause überreden, aber ich muss weiter. Im Stehen brennt die Sonne stark auf der Haut, beim Fahren kaum, der Wind kühlt.

Im Gras sind anfangs noch Traktorspuren. Dann führen nur noch Pfade über die Hügel. Es ist mörderisch heiß. Ich trinke zur Zeit acht bis zehn Liter pro Tag, Wasser, Kvas, Cola, Joghurt, mein Magen will alles Flüssige und ist nicht wählerisch.

Ein Sonnenblumenfeld, Arbeiter bei der Ernte, zumindest sehe ich einen Mähdrescher. Die Sonne scheint sich nicht zu bewegen.

Endlich, nach dreißig Kilometern, nach etlichen Flüchen und Freudenschreien, ein Dorf im Tal. Ich fahre querfeldein über die Wiesen.

Im ersten Haus erfahre ich: Ich bin im Kreis gefahren! Es ist das Dorf, von dem ich aufbrach. Tatsächlich, am Ende des Weges winken die Verkäuferinnen, die mich gewarnt hatten.

Verdammt! Siebzig Kilometer abgestrampelt, zehn vorangekommen, das Ergebnis bis zum Mittag. Nun muss ich doch zurückfahren bis zur letzten Kreuzung, zwölf Kilometer.

Erst einmal mache ich Pause im Gras. Zu den Verkäuferinnen fahre ich nicht, warum soll ich mich auslachen lassen. Wie im schönsten Heimatfilm fühlt sich gleich ein Reh gestört, es springt in den Wald.

Dann weiter, noch einmal ein Abschnitt ohne Straßen, zwanzig Kilometer. Der Weg verläuft neben den Strommasten, mal als Pfad, mal mit Spurrinnen der Traktoren.

Bei Kilometer 100 zwei Jubiläen: 5000 Kilometer gefahren, 300 Stunden. Keine hohe Durchschnittsgeschwindigkeit, ich bin enttäuscht. Das muss auf der Rückfahrt besser werden, nicht trödeln!

In Sovjetskaja laden mich einige Jungs zum Fußballspielen ein, aber es ist mir viel zu heiß für Pausensport. Ich bleibe eine Stunde im Schatten sitzen, trinke zwei Liter Kwas, auch ein Bier. Tatsächlich bin ich erst auf dieser Reise zum regelmäßigen Biertrinker geworden, es bekommt mir gut.

Der nächste Berg ist fünf Kilometer lang, die Steigung beachtlich, auf der Fernstraße nach Volgograd.

Dann wieder abgelegene Dörfer. Kein Magazin hat geöffnet. Schwatz mit einer Bauernfamilie. Alle Widerrede hilft nicht, sie schenken mir Gurken, Speck, Tomaten. Ich kühle mich mit dem Wasser aus dem Gartenschlauch ab. Der Sohn der Familie bietet mir an, mich mit seinem Traktor in ein Dorf zu fahren, in dem ich noch einkaufen könne.

Doch ich vertraue meinem Glücksstern, auch am Sonntagabend, und fahre weiter. Laut Karte liegen noch ein oder zwei Dörfer vor mir, die ich vor Anbruch der Dunkelheit erreichen könnte, in der Hoffnung auf eine Bar oder ein Magazin.

Wieder nur Pfade auf wilden Wiesen. Tatsächlich, im vorerst letzten Dorf hat ein Geschäft geöffnet. Lena, die Verkäuferin, feiert mit ihrer Freundin Oxana Geburtstag. Ein Alexej ist noch anwesend, aber die beiden beachten ihn kaum. Meine Fahrradhose erweist sich als Nachteil beim Flirten, ich ziehe die Jeans drüber. Alexej lädt mich zum Essen ein, es sei

nicht weit, nur drei Häuser weiter. Ich nehme die
Einladung an, dusche, die Suppe steht schon bereit.
Alexejs Mutter ist enttäuscht über den kurzen Be-
such, aber die Dämmerung bricht an, und Ljuba und
Lena warten nicht auf uns.

Mitternacht scheint der Mond im Nieselregen, mich
wundert langsam gar nichts mehr, auch nicht der be-
zaubernde Besuch an meiner Seite. Seit dieser Nacht
weiß ich, dass im Zelt Platz genug für zwei Personen
ist. Was für eine seltsame, unerklärliche Welt.

## 41 – Montag, 30. Juli 2007
## X – Artschedinskaja, 135 km (5 193)

Da das Zelt gar nicht weit vom Dorf entfernt steht,
breche ich im Morgennebel auf. Lena hat sich schon
verabschiedet. Was ich sehe, als ich auf dem Sandweg ins Dorf fahre, erinnert an eine Szene aus einem
Fellini-Film.

Ein halbes Dutzend Männer erwarten mich, alle
in schwarzen Anzügen. Wahrscheinlich bekomme
ich jetzt Prügel, weil ich die Dorfschönste entführt
habe. Einer der feschen Angreifer hält eine Trompete
in den Händen, ein anderer trägt eine Pauke vor dem
Bauch. Sie klatschen und lachen, spielen einige Takte
auf ihren Instrumenten. Sie reiben sich die Augen, ich
mir auch.

Ich sollte anhalten und sie fotografieren, ermahne
ich mich, aber es ist mir zu kalt, und ohne Trinkerei
werde ich nicht davonkommen.

Ein toter Hase liegt mitten auf der Straße, daneben der Radkasten eines Autos. Ich bestatte Meister Langohr am Feldrand. Die häufigsten Opfer auf den Straßen sind Hunde und Füchse.

Dann tritt ein Mann aus dem Gebüsch, er schiebt sein Fahrrad, auf der Stange ein Sack Fische. Er hat offenbar die Reusen geleert.

Er sieht mich und schreit.

Wo kommst du her? Freund! Kamerad! Turist is Berlina! Hier in unserem Dorf! Lass uns feiern!

Er ist nüchtern und kann es nicht fassen, dass sein Dorf von Reisenden beehrt wird. Mit nacktem Oberkörper steht er vor mir, umarmt mich, ich bin sein Held.

Kamerad! Niemand wird mir glauben!, ruft er mir nach.

Ja, dieses Gefühl kenne ich.

Ich rolle schon den Berg runter ins Dorf Blinovskij, bald folgt Kotovskij – was für schöne Namen! –, er ruft immer noch.

Im Magazin treffe ich gleich wieder neue Freunde – sie gucken erst etwas skeptisch, dann meint eine Verkäuferin: Wir kennen Sie aus dem Fernsehen!

Es ist mir aber zu viel Trubel, ich frühstücke erst am Ende des Dorfes, dort stehen Gartentische vor dem Geschäft und heißen Kaffee gibt es auch.

Ziel für die Mittagspause: Serafimowitsch, die Stadt der Engel. Verheißungsvoller Name, die Stadt flirrt in der Sonne und erscheint mir doppelt und dreifach über dem dampfenden Asphalt. Doch ich erreiche sie nicht, sondern fahre einen falschen Berg hinunter, an der Stadt vorbei, in ein Tal, in dem der Don fließt.

Entschädigt werde ich in der Bar, die ich aufsuche. Das Essen ist preiswert und schmeckt ausgezeichnet

– der geliebte, heiße Borsch, Schaschlik, Tomatensalat. Ich genehmige mir ein kleines Bier.

Auf dem Tresen steht ein kleiner Fernseher, irgendein russischer Baller-Film läuft. Spannend: Die Frau hinter dem Tresen und ihr Verhältnis zu den Stammkunden. Drei Billardspieler in ihrem Alter, Mitte zwanzig. Sie loben ihre Schminkkünste, denen sie sich ausgiebig hingibt. Auch beim Bierzapfen guckt sie in den Spiegel und zieht einen Schmollmund. Ein Fernfahrer erzählt, dass er als Soldat in der DDR gedient hat.

Ich freue mich wie ein Kind, wenn ich für mein Russisch gelobt werde. Kurze Gespräche, Höflichkeitsfloskeln, schaffe ich manchmal fast akzentfrei, so dass die Leute sich durchaus wundern – er spricht so gut Russisch, er ist sicher aus dem Baltikum?

Es wäre längst an der Zeit, ein deutsch-russisches Kulturfernsehen zu gründen, vergleichbar den Sendern Arte oder in Russland Kultura, fällt mir bei dieser Gelegenheit ein. Der Bedarf an Verständigung und Aussöhnung zwischen Deutschland und Russland ist um einiges größer, als es der zwischen Deutschland und Frankreich war, und in Deutschland leben Millionen Menschen, deren Muttersprache Russisch ist. Was könnten diese beiden Kulturen voneinander lernen! Allerdings: Wenn in Deutschland die russische Filmkunst bekannter wäre, hätte Hollywood schlechtere Chancen auf dem deutschen Markt.

## 42 – DIENSTAG, 31. JULI 2007
## ARTSCHEDINSKAJA – KAMENNIJ
### 124 KM (5317)

Warum habe ich gestern eigentlich nicht im Don gebadet? Weil ich so satt war nach dem guten Essen, dem Bierchen, und vielleicht, weil so viele Leute am Ufer waren? Dennoch ist es eine Schande.

Kalmykovskij, dann Michailovka, Lovjagin. Ein kleinerer Fluss, die Medveditza, fließt einige Kilometer parallel zur Straße. Er ist deutlich zu sehen, Mischwälder wachsen an seinen Ufern. Ich verlasse die Straße und fahre über Wiesen, weit genug entfernt von den nächsten Dörfern.

Das letzte Stück muss ich schieben. Das Ufer ist sandig, der Fluss etwa fünfundzwanzig Meter breit. Ich teste die Strömung, sie ist ziemlich stark, bis in die Flussmitte schwimme ich lieber nicht. Am Boden ist das Wasser durchaus kühl, an der Oberfläche eher lauwarm. Allerlei Fische wundern sich über den Riesen im Fluss. Piranhas hätten an ihm ein feines Fressen, denn an einigen Stellen hat er wundgescheuerte Haut.

20 Uhr 11. Flussaufwärts quaken kurz zwei Frösche. Dann, schon etwas näher, quakt ein weiteres Paar. Gleich darauf quaken wieder zwei Frösche, diesmal auf meiner Höhe. Schließlich grüßen flussabwärts die Artgenossen, auch diese geben die Laute flussabwärts weiter. Dann kehrt das Quaken zurück, Paar für Paar flussaufwärts. Nicht länger als eine Minute dauert diese Schaltkonferenz.


### 43 – MITTWOCH, 1. AUGUST 2007
### KAMENNIJ – KAMJENSKIJ
### 161 KILOMETER (5478)


Acht Stunden Tiefschlaf. In den meisten Nächten wache ich mindestens einmal auf. Heute möchte ich in die Nähe von Krasno Armjesk kommen, dann bleiben noch etwa einhundert Kilometer für morgen. Die letzte Strecke wird die Trasse Volgograd – Saratov sein, mit entsprechend heftigem Autoverkehr.

Sieben Uhr morgens. Ein Dorf mit dem Namen Ostrovskaja. Vielleicht war der Autor Ostrovskij der Namensgeber, der Erfinder des sozialistischen Aufbauhelden Pawel Kortschagin?

Zwanzig Kilometer Sand- und Feldwege, manchmal muss ich schieben.

In Michailovka, vor einer Zuckerfabrik, drückt mir ein Arbeiter im Vorbeigehen eine Büchse »Energy-Drink« in die Hand, ein Markenprodukt aus dem

Westen. Süßes, klebriges Zeug, aber angesichts dieser
Geste muss ich es wohl trinken.

Wenig später begleitet mich die Miliz, sie fahren
eine Weile hinter und neben mir her, begutachten
mich streng. Ich setze mein Narrengesicht auf und
winke, tippe an den Helm, sie fahren weiter. Mittags
in Krasnij Jar.

Noch etwa vierhundert Kilometer bis Saratov.
Große Überraschungen erwarte ich nicht mehr. Eine
Tagestour vor Saratov ist wahrscheinlich eine Über-
nachtung für mich organisiert, in Krasno Armjesk.
Doch die Adresse könnte ich nur per E-Mail erfah-
ren. Was soll es, ich schlafe gern draußen.

Саратов, das kyrillische Schriftbild gefällt mir.
Der Name stammt aus dem Tatarischen und bedeutet Gelber Berg. Saratov war eine wichtige Stadt für
die Mongolen der »Goldenen Horde« in diesem Teil
ihres Reiches. Später war sie Hauptstadt der Wolga-
deutschen Republik. Die Wolga ist hier knapp drei
Kilometer breit, sie fließt nach Süden, Richtung Volgograd und Astrachan.

Mittag, mörderische Hitze. Eine Bushaltestelle, Picas-
sos Friedenstauben, hier in weiß-blauen Mosaiken.
Sehr kleines Dorf, zehn, zwölf Häuser. Eine Frau
im Garten, sie pflockt ihre Ziege an. Ich frage nach
einem Geschäft. Sie selbst ist zufällig die Verkäuferin, sie verkauft einige Produkte in ihrer Küche, Getränke, Zigaretten.

Ihre Tochter lebe ein Jahr als Au-pair-Mädchen in
Deutschland, in Hamburg, es gefalle ihr ausgezeichnet, erzählt sie. Sie zeigt ein Foto. Ich werde zu grünem Borsch eingeladen. Bis dahin wusste ich nicht,
dass es so etwas gibt. Tomaten, Brot, Kvas, bezahlen
darf ich wieder einmal nicht. Eine Tüte Äpfel soll

ich mitnehmen, und am liebsten würde die Frau mir noch Wurst und Käse einpacken.

Das ist nun wirklich eine Kulturrevolution für Russland. Es gibt alkoholfreies Bier in den Geschäften! »Baltika 0« heißt die Sorte, die auch gern gekauft wird, ich sah es mehrmals. Alkoholfreien Wodka wird's aber bestimmt nicht geben. Das Wässerchen nimmt in den Regalen immer einen prominenten Platz ein.

Vorerst letzte Nacht im Freien. Der Schlafplatz liegt etwas zu nah an der Straße, aber ringsum sind nur freie Felder, die keinen Schutz bieten.

Das Ende des mehr als fünftausend Kilometer langen Tunnels werde ich also morgen erreichen, so der Fahrradgott will. Ich werde die Augen öffnen und die Wolga sehen! Skaska, ein Märchen.

44 – Donnerstag, 2. August 2007
Kamjenskij – Saratov, 107 km (5585)

Ich tröste mein Zelt. Weine nicht, du wirst noch gebraucht. Dein Gast soll wieder unter Menschen, sich vernünftig verhalten, nicht laut singen und nicht mit den verwilderten Hunden schimpfen.

Frühstück an einer Autobahnraststätte auf der Strecke Volgograd – Saratov. Ein Bus mit Reisenden aus Baku. Ich rauche eine Zigarette, bereits zum Frühstück. Die Abgase der Autos sind mindestens ebenso schlimm.

Fast alle Autofahrer verhalten sich rücksichtsvoll. Meist ist der Seitenstreifen frei. Die Straßen sind weit besser als ihr Ruf.

Die Kilometerangaben bis Saratov werden kürzer. Siebzig, sechzig, ich kann die Stadt schon riechen.

Fünfzehn Uhr werde ich im Deutschen Lesesaal an der Uliza Gorkova erwartet. Valentina, die Leiterin, hat mir bei dieser Reise wie so oft geholfen – mit Auskünften, mit ihren Kontakten nach Rostov. Ich freue mich jedes Mal, sie zu sehen. Schon manche Veranstaltung haben wir zusammen organisiert. Sie gehört zu den seltenen Menschen, die mit Literatur wirklich leben und sie nicht bloß verwalten. Außerdem hat sie zauberhafte Mitarbeiterinnen, Olga und Nadja. Ich beneide sie alle drei, schließlich dürfen sie an einem Ort arbeiten, der zu den interessantesten zählt, die ich kenne.

Endlich ein Fleck Wasser am Horizont, die Wolga. Ich möchte allein sein, denke ich, und bin es ja. Ich bremse, steige vom Fahrrad, hocke mich an den Straßenrand, halte einfach einen Moment inne. Geschafft. Ein Überflüssiger ist angekommen.

Dann geht's tief hinunter, der Asphalt ist hervorragend, erst als ich die zulässige Höchstgeschwindigkeit von 50 km/h überschreite, bremse ich. Nun tränen die Augen doch.

Noch immer war keine Reparatur am Fahrrad nötig. Nur einmal sprang die Kette ab.

Meine Latschen werden nur noch von einzelnen Fäden zusammengehalten.

Obwohl ich Saratov gut zu kennen glaube, finde ich das Stadtzentrum nicht. Insgesamt lebte ich bereits mehr als ein Jahr hier. Schilder verweisen auf den Bahnhof. Doch ich erreiche den Bahnhof nicht, der mir so nah scheint, sondern fahre durch mir fremde Straßen mit einer Menge neuer Geschäfte, sehe mehrmals die Werbung: »Vsjo budet Coca-Cola!« – »Alles wird Coca-Cola!«

Der Spruch klingt in etwa so zynisch wie nach dem Mauerfall der Slogan der Deutschen Bank: »Aus Ideen werden Märkte!«

Ich bitte einen Mann am Straßenrand um Auskunft. Er, ohne zu lächeln, antwortet: Bis zum Zentrum ist es noch weit! Noch vier Kilometer!

Vier Kilometer nach fünftausendsechshundertsiebzig, das sollte zu schaffen sein.

Ich sehe das Wolgaufer, jetzt weiß ich Bescheid. Micha Lejen wohnt hier, ein Maler- und Schach-Freund. Wenn meine Zeit reicht, wollen wir einige Tage zusammen auf einer Wolgainsel verbringen. Die Versuchung ist groß, bei ihm zu klingeln. Micha kennt mich nur als Kettenraucher, er dürfte staunen über meine Erscheinung. Mischa stellte seine Werke in Italien und Deutschland aus, er lebte ein Jahr in Amsterdam. Besonders stolz ist er auf die Illustrierung des in Deutschland erschienenen Buches »Fragen an den Hausarzt«.

Anfangs erscheint mir die Stadt so unwirklich, als würde ich eine Filmkulisse besichtigen. Einige Gebäude erkenne ich wieder, andere werden gerade gebaut. Baukräne, Hochhäuser, Konsumtempel, Saratov wurde wachgeküsst von den Musen des Geldes. In vielen Schaufenstern fordert die Werbung, auf Kredit zu kaufen. Das ist neu, zumal in diesem Ausmaß.

Ich schiebe das Fahrrad auf den Boulevard und bin mir sicher, dass mich niemand erkennen wird.

Der Prospekt Kirova heißt neuerdings wieder offiziell Nemeckaja ulica, Deutsche Straße. Den Einheimischen, auch den Russen, die ich kenne, ist der Name egal, er gehört zur Geschichte der Stadt, das ist alles. Die ersten Bewohner der Nemeckaja ulica waren Deutsche. Seit 1917 wurde sie zur Uliza Respubliki, seit 1935 Prospekt Kirova. Kirov war Parteisekretär in Leningrad, er wurde auf Stalins Befehl ermordet.

Noch zwei Stunden Zeit bis zu der Verabredung in der Bibliothek. Der Gang zum Geldautomaten. Von dort sind es bloß einige Schritte bis zu meinem Stammcafé, das ich im Sommer allen anderen vorziehe, unter anderem weil hier keine Musik gespielt wird.

Die letzten Meter sind die schönsten. Der weiße, billige Plastikstuhl ist weich wie ein Daunenbett. Fünftausendfünfhundertfünfundachtzig Kilometer. Mein Rücken fühlt sich an, als hätte jemand mit spitzen Fingernägeln ICH BIN DA! hineingekratzt.

176

In die hölzernen Lehnen der Stühle ist der Name der Biersorte Nevskoje mit schwarzen Buchstaben eingebrannt. Meine Augen sind einer weiteren Beleidigung ausgesetzt. Was müssen sie lesen, knallig weiß und rot, gleich hinter dem Tisch? »Vsjo budet Coca-Cola!«

Ich bin da, und die Freunde warten. Soll ich zuerst die Räuber oder zuerst die Gendarmen besuchen?

Die Künstler, die Freaks, wie sie sich selber nennen, oder die Schachspieler? Oder doch meine Freunde vom Registrierungsbüro? Oder H., den ehemaligen Offizier der ostdeutschen Volksarmee? Vsjo vosmozhno. Alles ist möglich.

Wichtige Leute haben die Stadt in den letzten Jahren allerdings verlassen, sind nach Piter (St. Petersburg) oder gleich nach Deutschland gezogen. Russland verliert jährlich etwa 700 000 Einwohner, so viel höher als die Geburten- ist die Sterbe- bzw. Auswanderungsrate.

Ich spreche in mein Diktiergerät, gleich gibt es misstrauische Blicke – von einem älteren Ehepaar, das hingebungsvoll Eis lutscht. Ihm ist etwas Eis aufs Hemd getropft, aber er merkt es nicht.

Die jungen Kellnerinnen sind, wie so oft in Russland, nicht sehr groß geraten. Ein Freund, ein Russe, sagte mal auf Deutsch zu diesem Phänomen: Die hohen müssen nicht arbeiten.

Die Menschen in Russland zählen mittlerweile zu den kleinwüchsigsten der Welt, die schlechte Ernährung wird als wichtigste Ursache genannt.

Marina trägt ihr Namensschild an der Bluse. Schläfrig nimmt sie meine Bestellung entgegen, Espresso, Mineralwasser, Bier. Großen Hunger habe ich nicht, eine Pizza reicht.

Ein Mönch, kaum dreißig, geht vorüber. Auch Babuschka i Djeduschka haben sich fein gemacht. Zwei Frauen pusten Seifenblasen in die Luft. Sie pusten besonders gern die Kinder an, damit die Mütter ihre Rubelscheinchen hervorholen. Schülerinnen verteilen Reklamezettel, man soll Hosen kaufen. Sehr gelassen in all dem Trubel: die Zeitungsverkäuferin in ihrem Kiosk.

Der Weg vom Café zur Bibliothek ist mir vertraut, fast kenne ich jede Delle im Boden. Heute kommt es mir vor, als wäre der Weg mit Gold gepflastert, denn von hier und heute an hat sich mein Leben gelohnt.

In einer Seitenstraße erinnert ein Schild an ein Kriegslazarett. Saratov war nicht von der Deutschen Wehrmacht besetzt worden, glücklicherweise, die Front verlief etwa 400 Kilometer vor der Stadt.

Die Frauen am Eingang der Bibliothek sind offenbar über meine Ankunft informiert, sie sagen mir gleich, dass ich mein Rad vor der Garderobe abstellen kann. Jede Geste ist ein Genuss. Ich bin da.

Ich liebe die Treppe, die hoch in die Bibliothek führt, das schwarze, vielmals überstrichene, gusseiserne Geländer. Genau fünfzehn Uhr, wie vereinbart, schrecklich, meine protestantische Pünktlichkeit.

Valentina aber freut sich darüber: »Ach, da bist du ja! Ich werde gleich das Fernsehen anrufen!«

Vor zwei Jahren meinte sie noch, ich würde es nicht schaffen, von Berlin mit dem Fahrrad herzukommen. Jetzt erzählt sie mir, sie habe in der Zeitung einen Bericht über einen Franzosen gelesen, der in diesem Sommer von Paris nach Kasachstan fahre, er sei hier in Saratov auf der Durchreise gewesen.

Ja, prima, von diesem Franzosen habe ich auch gehört.


Valentina ist braungebrannt, doch nicht von der Urlaubssonne, sondern von jener, die während der Gartenarbeit schien. Ihre Parzelle liegt weit draußen, sie muss mit dem Zug hinfahren. Die Äpfel trägt sie in Wassereimern in die Stadt. Angesichts ihres bescheidenen Gehalts ist sie auf die Selbstversorgung angewiesen. Früher, zu Sowjetzeiten, konnte sie reisen, heute ist das unmöglich für sie. Tragisch: den Kaukasus hob sie sich als Urlaubsziel für das Alter auf, jetzt aber ist es dort »zu unruhig«.

Olga ist mit der Familie im Urlaub, aber Nadja ist da. Ich habe sie nie anders als fröhlich und optimistisch erlebt. Es mag regnen, alle Leute mögen über den Schmutz auf den Straßen schimpfen, die Preise auf den Märkten mögen steigen, eine unsinnige bürokratische Verordnung soll »umgesetzt« werden, Nadja wird genug Gelegenheiten finden, sich über etwas zu freuen.

Ich bin froh, einfach sitzen zu können. Das Fernsehen will ein bisschen Action, also gut, ich soll meine Behauptung beweisen, dass ich mein Zelt innerhalb von zwei Minuten aufstellen kann, auch im Schatten des Lenin-Denkmals und nach dem Genuss der Ankunftsbierchen. Interview auf Russisch, ich mogele mich so durch.

Nach und nach erweitert sich die Runde. Larissa, Dozentin für deutschsprachige Literatur an der Universität, würde Puschkins Geist, wenn der ihr erschiene, sofort umarmen, nicht eine Minute würde sie zögern und zittern, solch ein Mensch ist sie. Die Zwillinge kommen, Nadja und Julia, die mir in den letzten Wochen so oft aufmunternde, besorgte Nachrichten schickten.

Als ich Nadja einmal fragte, warum sie Deutsch studiere, meinte sie: Weil ich keine Russischlehrerin werden wollte! Und für Mathe und Physik war ich nicht besonders begabt!

Die Zwillinge waren in der fleißigsten Seminargruppe, die ich kannte, ich war ihr Gastdozent an der Uni. Als ich zum ersten Mal in ihren Raum kam, sangen sie ein Lied für den Deutschen, der bislang nichts Gutes getan hatte, und die Dozentin Larissa sang fröhlich mit. Das Lied hieß »Deutschland«, sie sangen auf Russisch. »Deutschland von Heinrich Heine, mit der Sonne über dem Rhein; Deutschland von Bach, das die Ohren und Augen vor Angst geschlossen hat und nur von Musik lebt; Deutschland von Goethe, das Faust gegen Mephisto tauscht; Deutschland von Remarque, obdachlos, mit einem falschen Pass; Deutschland von Hermann Hesse, das von Kastilien träumt ...«

Und da frage mich noch einer, weshalb ich hier gerne bin.

Das Lied steht im Russischlehrbuch für die Oberstufe. Es ist von der Solistin der Gruppe »Belaja Gwardija«, Soja Jaschtschenko, die in Poltava geboren wurde, in Moskau Journalistik studierte.

Ein Wasserbau-Ingenieur, treuer Leser der Bibliothek, gehört ebenfalls zum Begrüßungskomitee. Während ich mir laufend den Schweiß abwische und Wasser trinke, schlägt er vor, wir sollten zusammen ein Buch schreiben, ich eine deutsche, er eine russische Familie porträtieren. Vielleicht – ich finde keine Gelegenheit, ihm zu widersprechen – sollten wir gleich unsere eigenen Familien wählen, meint er. Eine schreckliche Vorstellung für mich, aber das kann der Mann mit seinem soziologischen Interesse nicht wissen.

Das Radio ist schneller als das Fernsehen, sie senden ihren Beitrag bereits, während wir noch Tee trinken. Zwei Radfahrer kündigen daraufhin ihren Besuch telefonisch an, wenig später sind sie da, zeigen Fotos von ihren Touren und laden mich ein, bei ihnen zu wohnen. Boris fuhr unter anderem quer durch Russland, Vladivostok – Moskau, achttausend Kilometer.

Eigentlich hatten die Zwillinge die Besichtigung einer Wohnung vereinbart. Aber – kurzes Zögern – warum denn nicht umsonst Russisch lernen und Erfahrungen tauschen?

Kurz darauf meldet sich ein Extrem-Wanderer, der, wenn ich richtig verstanden habe, schon dreimal um die Erdkugel gelaufen ist.

## DONNERSTAG – FREITAG
## 2. AUGUST – 17. AUGUST 2007, SARATOV


Aljona und Boris wohnen im Süden der Stadt in einer Dreizimmerwohnung, in der Nähe der Polytechnischen Universität.

Das dunkle Braun auf dem Fußboden, die braune Schrankwand, die blassen Tapeten im Flur – sehr sowjetisch sei die Wohnung, meint Boris, als wir eintreten. Sie haben die Zimmer teilweise möbliert übernommen, auf eine dauerhafte Einrichtung legen sie wenig Wert.

Auch Boris trinkt nur selten Alkohol, hin und wieder ein Bier. Beide ernähren sich streng vegetarisch, betreiben Yoga.

Ich muss Ihnen nicht erklären, welche Stellen an meinem Körper vorerst der Pflege bedürfen. Wir können zusammen lachen über die vielen naiven Fragen, die Radfahrern unterwegs gestellt werden. Haben Sie eine Landkarte? Nein, wir fahren nach Schnittmusterbögen.

Aljona und Boris bereiten ihre Winterreise vor. Start soll in Murmansk sein, im Dezember. Das Ziel: Salzburg. Aljona wird die Strecke mit dem Fahrrad fahren, Boris im Auto mit Zelt und Ausrüstung hinterher. Vielleicht werden sie auch in Vladivostok starten, also 4000 Kilometer weiter östlich. Sie suchen Sponsoren, die Finanzierung ist noch unsicher.

Boris ist im Altai aufgewachsen, sein Vater lebt und arbeitet dort noch als Schriftsteller, er zeigt dessen letzten Roman. Wir erörtern bald am Küchentisch die Möglichkeit, dort eine Kommune zu gründen.

Das Wochenende verbringe ich mit den Freunden auf der Datscha. Ich werde verwöhnt mit Schaschlik, mit Wodka und mit guten Gesprächen, wir baden in der Wolga, lachen viel und sagen uns Komplimente. Ich fühle mich natürlich ein bisschen als Held, nachdem ich so oft gehört habe, ich sei einer. Das Besondere ist, dass ich glücklich bin und mich nicht schäme, es zuzugeben.

Begrüßungsspaziergang durch Saratov, vom Bahnhof bis zur Wolga. Vor dem Bahnhof steht ein Denkmal für den EISERNEN FELIX Dserschinskij (1877–1926), Gründer der Geheimpolizei Tscheka. Ein Revolutionär sei der gewesen, meinen befragte Studenten. Quellen, die nicht namentlich genannt werden möchten, berichten, das Denkmal sei zweimal in seiner Geschichte umgedreht worden, in liberalen Zeiten mit dem Gesicht stadtauswärts.

Typisch Westler, zuerst guckt er auf das Politische, bemerke ich selbstkritisch.

Die Züge fahren unter anderem nach Astrachan, Alma-Ata, Volgograd, Ulan-Ude, Baku, Ufa, Kislovodsk-Novokusnezk, Varna, Berlin, Taschkent, Kiev, Simferopol. Eine Reise nach Berlin dauert zwei Tage. Auch mit den Kleinbussen kann man weite Strecken fahren, bis nach Sibirien, es dürfte aber dem Rücken nicht guttun.

Wäre ich Filmproduzent, ich würde unbedingt einen Film in Auftrag geben, der auf einem Bahnhof in Russland oder in der Ukraine spielt. Oder besser, auf mehreren gleichzeitig. Kein Zug fährt ab, ohne dass Frauen weinen. Eine Studentin wird von zwanzig Freunden mit Wangenküssen, Champagner und Teddybären in den Zug geleitet. Es wird fotografiert, das letzte, das allerletzte Foto noch, auch wenn der Zug schon aus dem Bahnhof rollt. In der Bahnhofshalle schieben sich Wartende geduldig und stumm Millimeter für Millimeter vorwärts. Am Blumenstand möchte man die Luft einatmen, in der Bar daneben scheint auch der Kaffee wie Bratfett zu schmecken.

Auf dem Bahnhof arbeitete Roman, einer der seltsamsten Offiziere, die ich kenne. Inzwischen ist er Major der Miliz, Dozent an der Polizei-Hochschule, 31 Jahre alt. Ich hatte ihn kennen gelernt, weil er sich unglücklich verliebt hatte, aber das ist eine andere Geschichte. Außerdem lernte und lernt er Deutsch an einer Sprachschule, dann an der Pädagogischen Hochschule. Er verbringt seine freien Stunden lieber im Radistschew-Museum als auf dem Fußballplatz.
Über ihn und seine Arbeit wollte ich einen Dokumentarfilm drehen. Die Planung war weit fortgeschritten, die Genehmigungen lagen vor, allein es fehlte am Gelde.

Romans Arbeitstag beginnt auf Bahnsteig drei. Der Zug aus dem Süden, aus Tadschikistan trifft ein. Der fröhliche Zug, nennen ihn Roman und seine Kollegen. Hier finden sie die meisten Drogen. »Viele Tadschiken bringen Heroin in ihrem Magen mit«, erklärt Roman. »Zu Hause schlucken sie die Kapseln.« Zwei Milizionäre begleiten ihn. Nach Babki, Falschgeld, werden die Passagiere ebenfalls durchsucht. Roman bedauert die Drogenkuriere. Arbeitslose Tadschiken, die für ein wenig Geld Gesundheit und Gefängnisstrafe riskieren. »Früher haben wir etwa 30 Kuriere pro Jahr festgenommen. Jetzt sind es viel weniger, weil sie zu acht Jahren Gefängnis verurteilt wurden. Für diese Kriminalarbeit bekommen sie wenig Geld, 200–300 Dollar.« Bescheiden, fast schüchtern berichtet er von einem spektakulären Fall, der Verhaftung einer berühmten Taekwondo-Meisterin, die eine Bronzemedaille bei Europameisterschaften gewonnen hatte. Mit acht Kilogramm Heroin wurde sie erwischt. »Sie verliebte sich in den falschen Prinzen«, meint Roman. Die Verhaftung scheint ihm noch heute leidzutun. Doch in seiner Dienstauffassung ist er unbestechlich. 700 Morde, etwa 83 000 Eigentumsdelikte und 4 500 Straftaten verzeichnete die Anti-Drogen-Behörde 2005 im Zusammenhang mit illegalem Drogenhandel, darunter fast 2 Tonnen Heroin.

Im Güterbahnhof kontrolliert Roman die Containerzüge. Auch Wodkaschmuggel fällt in seine Verantwortung. Der illegal Gebrannte kommt gleich in ganzen Containerwaggons auf den Schwarzmarkt. Roman nimmt Proben fürs Labor, ohne seine Genehmigung darf der Wodka nicht ausgeliefert werden. »Dieser Wodka kommt aus dem Kaukasus, aus Dagestan«, erklärt er und klopft gegen den Tank. (Schreibe das bitte nicht – »Wir können gegen die Fabrikanten wenig machen, sie arbeiten mit der Miliz zusammen. Die Miliz im Kaukasus ist sehr korrupt.«) Die Untersuchungen müssen von Moskau aus koordiniert werden. »Monatelang warte ich manchmal, bis allen Anträgen stattgegeben wird. Die Kriminellen haben zu viele Rechte«, sagt er. »Sogar gefälschtes Mineralwasser wird verkauft!« – Leitungswasser, in Flaschen abgefüllt. Bei Medikamenten soll die Fälschungsrate bei fünfzig Prozent liegen.

Wir sitzen in Romans Büro, am Ende des Flurs liegt der Eingang zum Untersuchungsgefängnis mit zehn Zellen. Es ist Zeit für eine Tasse Kaffee. Er legt die Pistole, die Puschka, auf den Tisch. Vor drei Jahren begann er Deutsch zu lernen. Er besucht eine Sprachschule, die mit dem Goethe-Institut zusammenarbeitet. »Wir haben Muttersprachler als Lehrer, das ist sehr schön«, sagt er. »Ich mag die deutsche Poesie, besonders von Goethe.« Er zitiert das »Heideröslein«. Im Hintergrund quietscht eine Zellentür.

Er spricht leise. »Als ich zum ersten Mal Gedichte auf Deutsch las, war ich überrascht. Ich hörte die ganze Schönheit der deutschen Sprache.« Es klopft, ein Mitarbeiter bringt einen neuen Aktenstapel. Roman würde gerne die Arbeit der deutschen Polizei kennen lernen. Viele Dokumente muss er mit der Hand ausfüllen. »Russland ist groß, alles dauert etwas länger«, sagt er.

Er lacht. »Das ist keine Poesie!« Er sieht die Papiere durch, das Telefon klingelt. Er zeigt Videos aus dem Archiv, Lehrfilme, dokumentierte Festnahmen.

Roman erzählt, dass er viel Geld bezahlte, 400 Euro, einen ganzen Monatslohn, um einige seiner Gedichte in einem deutschen Verlag erscheinen zu lassen. »Ich wäre glücklich, wenn Deutsche meine Gedichte lesen würden«, sagt er.

Wir verabreden uns für den Abend im Café Wostok-Sapad, Ost-West.

Die Preise sind etwa so hoch wie in Deutschland, manches ist teurer. Nicht jeder Russe kann sich den Besuch eines solchen Cafés leisten. An der Decke ist eine Zeichnung der Weltkarte, im Stil des sechzehnten Jahrhunderts. Anlass für Roman, über seinen Jugendtraum zu berichten. Seemann wollte er werden. »Das Meer, das Einzige, was größer ist als Russland!«, schwärmt er. Doch die Eltern rieten ihm, Jura zu studieren, das sei sicherer. Heute bereuen sie manchmal ihren damaligen Ratschlag, sie haben Angst um ihren Sohn. »Meine Arbeit ist gar nicht so gefährlich«, erzählt er. »Die meisten Verbrecher sind intelligent und höflich, sie haben selten Waffen, und natürlich sind sie nicht immer aggressiv. Wirtschaftskriminelle schießen meistens nicht, sie schicken ihren Rechtsanwalt. Und die kleinen Leute haben auch Angst vor uns, oder Respekt, oder sie haben ein schlechtes Gewissen. Und wenn es sein muss, kann ich die Sondertruppen des Innenministeriums anfordern, die OMON-Einheiten.« Er erklärt Jargon-Worte aus dem kriminellen Milieu. Slodej – Verbrecher, Puschka – Pistole, Babki – Geld, Pero – Messer, Ment – Polizist.

Mehrmals im Jahr wechselt er den Einsatzort. In Astrakhan am Kaspischen Meer arbeitet er am liebsten. Welchen Erfolg hat seine Arbeit? Roman schüttelt den Kopf. »Verbrecher müssen ins Gefängnis«, sagt er. Er berichtet von Stepan Rasin, dem russischen Robin Hood. Der soll seinen Schatz in der Nähe von Saratov versteckt haben.

»Viele Leute haben ihn gesucht, aber niemand hat ihn gefunden. Versuchen wir es?«, fragt Roman. Ein Meter fünfundachtzig groß, durchtrainiert, Judoka – man glaubt ihm, dass er es ernst meint. »Judo stärkt meinen Willen!« Täglich macht er Krafttraining. Roman liebt seine Heimat. Viele Nationalitäten leben in Saratov, Tataren, Armenier, Geogier, Aserbaidschaner, Ukrainer, auch Deutsche. Er schwärmt vom Saratover Brot, Kalatsch genannt. »Saratover Ziehharmonika mit Glöckchen! Das klingt fantastisch!«

Er schlägt vor, das Restaurant zu wechseln und seine Freunde zu treffen. Die Freunde – Tatjana, eine Dozentin aus der Uni; Eduard, Romans Lehrer und Juraprofessor; Alexej, Staatsanwalt im Bereich Umweltschutz. Tatjana ärgert Roman bald mit ihren besseren Schießleistungen. Er lächelt, nimmt es gelassen hin. »Frauen schießen besser als Männer, weil sie ein kaltes Herz haben«, meint er auf Deutsch. »Tschivo? Tschivo?« Tatjana will unbedingt verstehen, weshalb wir lachen. Roman übersetzt. Sie boxt ihn gegen den Arm. Eduard erzählt, die Ausbildung an seiner Hochschule entspreche westlichem Standard. Er fahre oft zu Konferenzen nach Deutschland, er könne es beurteilen. Auch an internationalen Publikationen sei er beteiligt.

Alexej berichtet von den Schiffswracks auf dem Grund der Wolga. Um die Verschrottungskosten zu sparen, würden die Schiffe illegal versenkt. Seine Behörde habe nur ein Bergungsschiff. Die Wasserqualität der Wolga habe sich jedoch verbessert.

Bald soll er befördert werden, in den Dienstrang Major.

Achtung, Achtung! Pass auf, dass du vorher keine Strafe bekommst, sage ich. Nicht zu schnell mit dem Auto fahren! Keinen Wodka trinken!

Natürlich sitzen nur ehrliche Gelehrte und Offiziere am Tisch. Als Außenstehender hat man ohnehin den Eindruck, dass nirgendwo so stark gegen die Korruption gekämpft wird wie innerhalb der Miliz.

Zu den Dingen, die ich liebe in Saratov, gehört auch die ZEITBREMSE auf der Moskovskaja uliza.

Die Zeitbremse ist für viele Leute ein Ärgernis, andere treiben ihren Spaß mit ihr. Viele leiden unter ihrer Wirkung, ohne zu wissen, dass es sie gibt.

Die Zeitbremse erkennt man daran, dass die Busse auf einem bestimmten Abschnitt der Moskovskaja uliza besonders langsam fahren. Ob Stau ist oder gar keine Autos auf der Straße fahren, die Busse überschreiten ein bestimmtes Tempo nicht. Nun, es wird seine Gründe haben, denkt sich der Fahrgast.

Die Busse fahren so langsam, dass sich ein Fahrgast einmal dazu hinreißen ließ, dem Busfahrer eine Wette anzubieten. Er behauptete, als Fußgänger schneller zu sein als der Bus. Der Fahrer lachte, der Gast aber machte seine Ankündigung wahr, er stieg aus, lief neben dem Bus her. Der Fahrer trat manchmal stark aufs Gaspedal, so dass er nun über den Fußgänger lachen konnte, denn der Bus war nun wirklich schneller. Dann bremste er. Fünf Stationen lief der Gast neben dem Bus her, schließlich konnte der Fahrer zeigen, dass die Technik siegt.

Ich hielt eine Umfrage unter meinen Bekannten ab. Weshalb fahren die Busse in der Moskovskaja uliza so langsam?

Viele praktische und unpraktische Gründe wurden vermutet. Man will Benzin sparen. Die Fahrgäste sollen sich aufmerksam die Regierungsgebäude ansehen. Man will die alten Busse nicht zu stark beanspruchen.

Doch niemand wusste von der Existenz der Zeitbremse. Ich entdeckte ihr Geheimnis in Begleitung meines Schutzengels Olga. Ein Schutzengel kann in Russland sehr hilfreich, wenn nicht gar nötig sein, besonders auf der Jagd nach Stempeln.

Wir saßen müde im Bus, auch Olga hatte sich bereits über die Langsamkeit der Busse in diesem Straßenabschnitt gewundert.

Ich schlug ihr vor, endlich das Einfachste zu tun, was in dieser Situation möglich sei – das Personal zu fragen, den Fahrer oder die Konduktorin.

Olga, manchmal sehr russisch, antwortete: Das macht man nicht, das Personal soll während der Fahrt nicht gestört werden, wie in Deutschland.

Zufällig war es ein alter Ikarus, der schon in der DDR im Gebrauch gewesen war, Olga zeigte auf das deutsche Schild unter der Decke – Fahrer während der Fahrt nicht stören!

Olga, sagte ich. Sieh, wie langsam der Bus fährt. Die Konduktorin schläft. Der Fahrer liest Zeitung. Sie können doch unsere Fragen beantworten.

Olga tat mir den Gefallen, die Konduktorin zu belästigen. Sie erteilte folgende Auskunft: Vor zwanzig, dreißig Jahren sollte die Moskovskaja uliza eine verkehrsberuhigte Zone werden.

Ein schöner Traum zweifellos, einer Smaragdenstadt würdig. Doch wenn auf dieser Straße der Verkehr stockt, kommt es in der halben Stadt zum Stau, außerdem am anderen Wolgaufer in der Stadt Engels.

Das sah auch die Stadtverwaltung rasch ein. Der Plan von der fußgängerfreundlichen Zone wurde aufgegeben, der Busfahrplan aber wurde beibehalten, so, als ob der Traum wahr geworden wäre.

Vom Bahnhof stadteinwärts, in der Moskovskaja uliza, steht das Hauptgebäude der Tschernyschewskij-Universität, benannt nach dem Autor des Romans »Was tun?«. Tschernyschewskij, ein Sozialist aus der zweiten Hälfte des 19. Jahrhunderts, der für Russland eine bäuerliche Utopie entwarf, wurde in Saratov geboren und starb hier. Fast die Hälfte seines Lebens verbrachte er in Verbannung, im Exil und im Gefängnis.

Den heutigen Studenten bedeutet der Name nicht viel. »Was tun?« wird zwar, nach einer privaten Umfrage, von etwa der Hälfte der Studenten gelesen, doch der Leseeindruck hält nicht lange an – die Hauptfigur wird als eine Art Oblomow beschrieben, mit dem Unterschied, dass er schöne Ideen für die Zukunft hat, also dem »brillanten Narrenspiel der Hoffnung« verfallen ist.

1909 wurde die Universität gegründet. Das Ausbildungsniveau ist sicher von Fakultät zu Fakultät unterschiedlich, aber es ist durchaus Russlands junge Elite, die hier studiert. Eine Generation, die den Westen von Urlaubs- und Studienreisen kennt und der viele Begriffe der Eltern fremd sind. Wer waren die Komsomolzen? Junge Leute, die im Krieg halfen, bekam ich einmal zur Antwort.

Die wichtigsten Ereignisse aus den Epochen Peters I. und Katharinas der Großen sind jedem geläufig, kaum aber die Namen der sowjetischen Staatsoberhäupter.

Das Studium beginnt in Russland ab siebzehn Jahren, der Studienplan ist streng reglementiert, für die meisten Seminare und Vorlesungen gilt Anwesenheitspflicht. Es wird nicht gegessen während der Lehrveranstaltungen, nicht telefoniert und keine Musik gehört, und wer zu spät kommt, entschuldigt sich. Russische Studenten sind oft schockiert, wenn sie an deutschen Universitäten Lehrveranstaltungen besuchen oder später als Lehrer im Praktikum an deutschen Schulen arbeiten.

Voraussetzung für das Studium ist der Schulabschluss nach der elften Klasse, das heißt, nach zehn Unterrichtsjahren. Die vierte Klasse gibt es in den Schulen nicht, die Schüler werden von der dritten in die fünfte Klasse versetzt. Warum das so ist, kann niemand so recht erklären. Es gehört eben zur Tradition, wie die Zeitbremse, so auch der Zahlensprung.

Nach einem Fußweg von zehn Minuten erreicht man den Zirkus-Platz am Kriti Rynok (Markt), einen der aufregendsten Plätze der Stadt. Der Zirkus ist der älteste in Russland. Der Architekt des Springbrunnens auf dem Platz hat an die Menschen gedacht – die Außenränder sind durchweg mit Bänken versehen, so, dass sich die Leute gegenübersitzen. Auch Mitternacht und bei minus zwanzig Grad wird hier geflirtet, kaum mit anderen Gesten und Sprüchen als auf einem mexikanischen Zócalo.

Am Tage mischt sich das Laufpublikum mit Marktarbeitern und Zirkus-Besuchern, mit Spaziergängern und Besuchern aus den Dörfern. Kinder fahren Autoscooter, Pony-Wagen und Lokomotivchen mit Waggons kreisen um den Springbrunnen, private Verkäufer bieten auf mitgebrachten Kisten Produkte aus dem eigenen Garten an.

Der Platz wäre nahezu vollkommen, wäre da nicht vor knapp zwei Jahren ein riesiger Monitor aufgebaut worden, rechts neben dem Haupteingang zum Zirkus. Eine elektronische Krake, die den Platz mit Reklame und mit Hinweisen der Feuerwehr und mit anderen überflüssigen Informationen beschallt. Vsjo budet Coca-Cola!

Wenige Tage später eine Überraschung: Ich treffe die Person, welche für die Aufstellung des Monitors verantwortlich ist.

Svetlana ist eine Freundin von Roman, sie arbeitet in der Galerie »Estetika«, in der Uliza Rabotschaja, ebenfalls im Zentrum. Svetlana lebte zwei Jahre in

Deutschland, sie hatte einen Deutschen geheiratet, doch die Ehe verlief nicht glücklich, und so kehrte sie nach Saratov zurück. Hier hat sie eine interessante Arbeit, die Verhältnisse sind stabil, es ist Heimat.

Die Galerie ist Initiator wichtiger Wettbewerbe (»Junge Künstler der Wolga-Region«, »Kinderzeichnung«, »Für Umweltschutz«, »Wolga-Landschaftsbild«). Zwölftausend Kunstwerke wurden seit der Gründung 1994 ausgestellt, auch internationale Verkäufe getätigt. Eine ehrenwerte Einrichtung also und ein Ort der Musen. Schön still ist es hier.

Svetlana erklärt fröhlich einzelne Bilder, erzählt Anekdoten über die Maler. Ich möchte wissen, wie die Galerie sich finanziert, frage nach Geschäftsprinzipien, nach den Einkünften der Chudoschniki, der Maler.

Sie lacht.

Du wirst auf mich schimpfen, wenn ich dir das erzähle!

Warum sollte ich?

Weil ich für den Monitor verantwortlich bin! Der Bildschirm auf dem Zirkus-Platz ist mein Projekt!

Projekt?

Auf meiner schwarzen Liste der nicht zu benutzenden Worte steht dieses weit oben.

Svetlana lacht wieder.

Du hast doch in einem Fernsehinterview gesagt, dass dir der Monitor auf dem Zirkus-Platz nicht gefällt. Mit ihm finanzieren wir aber einen Teil unserer Galeriearbeit. Dieses Werbekonzept ist meine Idee!

Es ist kein Witz. Wie peinlich. Der Reporter hatte beharrlich seine Frage wiederholt, irgendetwas müsse mir doch missfallen in Saratov, und so hatte ich als Beispiel den Monitor genannt.

Der Lärm ermöglicht die Stille, so ist das. Der Lärm schmerzt aber täglich in zehntausenden Ohren, und in der Galerie stehen wir nur zu dritt.

Svetlana nimmt mir meine Kritik nicht übel. Die Stadtregierung hat bereits das Gebot erlassen, die Lautstärke des Monitors zu verringern. Die Sirenengesänge des schönen Scheins sollen nicht zu schrill klingen.

Roman, als mein Freund, möchte mir helfen, eine echte kafkaeske Aufgabe zu lösen – meinen Aufenthalt beim OWIR zu registrieren, bei der Meldestelle des Innenministeriums (Otdel Wis i Registrazii, Abteilung für Visa und Registrierung).

Er ist immerhin Dozent an der Hochschule für Recht, und so traue ich ihm zu, die erste schwierige Frage bald beantworten zu können – wo befindet sich derzeit dieses OWIR? Es gibt wahrscheinlich mehrere, unter- und gleichgeordnete, nach Wohnbezirken getrennte.

Roman meint sofort, er habe einen Freund, der mir helfen werde.

Ich benötige eigentlich keine Hilfe, ich möchte nur wissen, wo sich das OWIR befindet.

Der Freund weilt leider im Urlaub, aber Roman kennt noch einen Freund, der vielleicht helfen könnte, aber auch dieser Freund ist im Urlaub. Roman hat noch eine Idee, jetzt bittet er ein Reisebüro um Hilfe, auch dort hat er eine Bekannte.

In Russland gilt seit einigen Monaten ein neues Registrierungsgesetz. Es soll liberaler und moderner als das alte sein. Ausländer dürfen jetzt auch offiziell in Privatunterkünften wohnen, das OWIR muss über den Aufenthalt lediglich noch informiert werden. Es sollte ein Verwaltungsakt von wenigen Minuten sein. Bisher war es gängige Praxis, sich in einem Hotel anzumelden, auch wenn man dort nicht wohnte. Wie lange solch eine Alibi-Registrierung aber Gültigkeit besaß, war nirgendwo zuverlässig zu erfahren. Und streng genommen verstießen sowohl das Hotel als auch der Tourist mit dieser Praxis gegen das Gesetz. Aber auch hierüber gingen die Meinungen stark auseinander.

Wir treffen uns mit Elena in einem Café am Prospekt. Sie kennt die Adresse des OWIR und sie meint, es werde Ärger geben, da meine Registrierung aus Rostov seit einer Woche nicht erneuert worden sei. Sie habe jedoch eine Bekannte in einem Hotel, das zur Registrierung befugt sei, vielleicht könne sie helfen.

Elenas Bekannte im Hotel lehnt die Registrierung ab, sie glaubt ebenfalls, es werde Ärger geben. Elena meint, ich müsse sofort zur Miliz gehen und wahrscheinlich Strafe zahlen.

Die Mutter einer Studentin, die bei der Miliz in der Anti-Korruptionsabteilung arbeitet und die ich zwischendurch auf der Straße treffe, meint, es sei überhaupt keine Registrierung nötig, ich solle die Suche nach dem OWIR gar nicht fortsetzen, mein Stempel aus Rostov gelte für den ganzen Monat. Ich glaube ihr nicht, das klingt zu utopisch.

Ich bin mir sicher, dass ich kein einziges Rubelchen abdrücken werde, als ich das Milizgebäude am Kriti Rynok betrete. Die Rechtslage ist eigentlich klar, aber nicht allgemein bekannt. Registrierungspflicht besteht bei einem Aufenthalt von drei Tagen an ein und demselben Ort.

Die Frau, die wohl Auskunft erteilen könnte, in welchem Zimmer der eingeschüchterte Bürger ergebenst um behördliche Auskunft bitten darf, sitzt hinter einem Vorhang. Doch Türen und Fenster sind geöffnet, der Vorhang weht zur Seite, ich kann die Frau für Momente sehen. Wie in einem schlechten Film sortiert sie Karteikarten. Ich schiebe den Vorhang beiseite und frage, ob es möglich sei, sie zu sprechen.

Sie können auch sprechen, wenn Sie mich nicht sehen, sagt sie.

Das ist in meinem Land nicht üblich, sage ich.

Sprechen Sie!, sagt sie.

Ich habe eine schwierige Frage, sage ich und halte noch immer den Vorhang fest. Sie sortiert weiter ihre Karteikarten.

Vielleicht können Sie mir helfen? Vielleicht können Sie mich auch ansehen? Sprechen Sie Deutsch? Englisch?

Ich bin Russin! sagt sie und strafft ihren Rücken.

Gehen Sie in Kabinett eins, zum nächsten Natschalnik (Chef)!

Sie weiß sogar, wo ich hin muss, ohne mich je gesehen zu haben.

In Kabinett 1 sitzen zwei Frauen, beide mit sowjetischem Leibesumfang, in der Hitze fällt ihnen das Atmen besonders schwer. Die Frau, die sich für mich zuständig fühlt, zeigt aber nach einem Blick in meinen Pass und auf meine Registrierung aus Rostov, dass sie durchaus über eine starke Lunge verfügt.

Sie haben seit einer Woche keine Registrierung! Sie müssen Strafe bezahlen! Gehen Sie in Kabinett 2, zum nächsten Natschalnik!

In Kabinett 2 wiederholt sich die Szene aus Kabinett 1, nahezu jede Geste kenne ich schon, bis auf das Zucken der Wimpern, auch die Worte sind die gleichen. Sie haben seit einer Woche keine Registrierung! Sie müssen Strafe bezahlen! Gehen Sie in Kabinett drei, zum nächsten Natschalnik!

In Kabinett 3 sitzt ein Natschalnik, die ich am liebsten privat kennen lernen würde. Also wirklich, meine Dame, etwas weniger gewagt sollte der Ausschnitt schon sein, so während der Arbeitszeit. Es wird ein schweres Gespräch, das ist mir schon klar, denn diese Frau ist ein richtig großer Natschalnik, sie redet nämlich in einer halbwegs vernünftigen Lautstärke.

Strafe zahlen, keine Registrierung, so etwas sagt sie auch. Ich höre ihr nicht sehr aufmerksam zu und bitte Sie, ihre Worte zu wiederholen.

Wie sind Sie nach Saratov gekommen?

Aha, eine konkrete Frage.

Auf einem blauen Elefanten.

Sicherheitshalber habe ich einen Zeitungsartikel mitgenommen, eine zweiseitige Reportage über meine Reise aus der »Saratovskaja Gaseta«. So kann die

Frau auch meinen Elefanten sehen, sonst denkt sie noch, ich schwindle.

Sie liest zumindest die Überschrift.

Warten Sie draußen, sagt sie, ich rede mit dem nächsten Natschalnik.

Schade, sage ich. Können Sie mir vielleicht genaue Auskünfte über das Registrierungsgesetz geben? Kennen Sie den Gesetzestext? Können Sie ihn mir kopieren?

Warten Sie draußen, sagt die Frau.

Nichts hilft, sie will unsere kurze Bekanntschaft schon beenden. Bald erscheint sie wieder im dunklen Flur und sagt: Gehen Sie ins Hotel! Sagen Sie dort: Alles ist in Ordnung! Sie können sich registrieren lassen!

Ein Dokument bekomme ich nicht? Die mündliche Antwort reicht?

Gehen Sie!

Ich tue, wie mir geheißen. Im Hotel schimpft Marina, auch ihre Bekannte aus dem Hotel schimpft. Typisch Schriftsteller, er hat Privilegien! Ihrer Meinung nach wäre es rechtens, wenn ich für jede Nacht zehn Euro Registrierungsgebühr bezahlen würde. Doch wieso habe ich Privilegien, wenn das Otdel Wis i Registrazii mich zum Gesetzesbruch auffordert?

Bei Roman bedanke ich mich für seine Hilfe, denn tatsächlich hätte ich ohne seine vielen Freunde das OWIR niemals gefunden.

Tage später erzähle ich in der Bibliothek von diesem Erlebnis. War es wirklich der Zeitungsartikel, der bei der Registrierung half?

Falsch!, sagt Irina Nikolaevna, die Leiterin des Deutschen Zentrums. Wir haben dir geholfen, aber das hast du nicht gemerkt! Das OWIR rief nämlich den Deutschen Honorarkonsul an, um sich zu er-

199

kundigen, ob du dort bekannt seiest. Und wir haben bestätigt, dass wir dich kennen.

So haben mir viele Menschen geholfen. Verglichen mit dem, was viele Russen erleben, wenn sie nach Deutschland reisen, war es jedoch nur eine realistische Erzählung, keine surreale.

Unbegreiflich bleibt es dennoch, wie Russland sein Wirtschaftswachstum bewältigt, wenn die Anmeldeprozedur beim OWIR sich für Ausländer so undurchsichtig gestaltet.[*]

Nach solch einem Erlebnis möchte ich mich erholen. Ganz in der Nähe der ***, in der Uliza***, leben Freunde, die mir nicht alle dem Namen nach bekannt sind. Diesmal genügt ein kurzes Telefongespräch, um meinen Besuch anzukündigen. Pjotr empfängt mich an der Tür, er legt den Finger auf den Mund, noch bevor ich etwas gesagt habe. Er drückt mir im dunklen Flur ein Glas Tee in die Hand, zeigt auf einen leeren Sessel in der Stube, ich kann ihn nur schemenhaft erkennen.

Ich blicke mich um, neben mir sitzt Sergej, ein Wolfsjäger aus dem Altai, der einmal von Kokainhändlern gekidnappt worden war, ich erinnere mich. Er möchte mir schon seit langem das Nordlicht zeigen. Er lobte meine Idee, Russland wie der Vater von Dostojevskijs »Jüngling« als Wandermönch zu durchqueren – auch wenn ich von keiner Ehefrau betrogen wurde und keinen missratenen Sohn habe, der ein Rockefeller werden möchte.

Rechts neben ihm, die Hände vor der Stirn, die Ellenbogen auf den Knien, liegt Ivan auf dem Boden, Doktor der Psychologie und Rechtsmediziner, Verfasser der bedeutenden, leider wohl immer noch nicht veröffentlichten Schrift »Russland – Die Heimat der

---

[*] Seit 2008 wurde es einfacher, nun ist die Anmeldung auf jeder Poststelle möglich.

Elefanten«, in welcher überzeugt erklärt wird, weshalb nicht Ostafrika, sondern die sibirische Tundra als Wiege der Menschheit anzusehen ist. Dieser gelehrte Mensch hat mir seit langem einen Besuch im hiesigen Leichenschauhaus versprochen.

Alle Aufmerksamkeit richtet sich aber auf unsere hochverehrte Lisaveta Ivanovna, eine der großen lyrischen Begabungen des jungen Russland. Wohl einige Männer in der Runde träumen davon, für sie ihr eigenes Leben wegzuschenken, ein Fingerschnipsen genügte.

Sie trägt ihre Gedichte vor, leise und bescheiden.

Auch mein verehrter Kollege S. lauscht ihren Zeilen. Er veröffentlicht seine Geschichten unter Pseudonym auf einschlägigen Literaturseiten im Internet. Er steht am Fenster und ist trotz seiner Größe von zwei Meter zwölf kaum zu bemerken.

Es ist nicht so, dass wir uns immer wie Erwachsene verhalten, wenn zum Beispiel Alexej spät am Abend kirgisische Hirtenlieder auf der Mundharfe bläst.

Deshalb: Vorhang zu, der Rest ist privat.

Das Hobby Nummer eins ist in russischen Städten ganz sicher das Flanieren. Spazierengehen kostet nichts, und falls es nichts zu feiern gibt, feiert man sich selber. Man zieht die guten Kleider an, trifft sich mit Freunden, läuft den Prospekt hoch und runter, spaziert an die Wolga, die Bewegung ist ein Selbstzweck. In der Sowjetunion wurden Wohnungen extra klein, mit niedrigen Decken gebaut, als Stein gewordene Empfehlung, die Freizeit in der leichter zu kontrollierenden Öffentlichkeit zu verbringen, das wirkt sich bis heute aus. (So der Mediävist Lichatschov.)

Die Volkskultur des Flanierens schafft auf dem Prospekt Kirova oft eine Atmosphäre von Entdeckerlust, besonders an den Abenden und an Feiertagen, denn irgendeinen Freund oder Bekannten trifft man hier meistens. Der Prospekt beginnt am »Haus des Kindes« und endet am Konservatorium, ein Fußweg von vielleicht fünfzehn Minuten. Kein übergroßes Kaufhaus dominiert das Geschehen, Schuh- und Kosmetikgeschäfte, McDonald's, Eis-Cafés, mexikanische und russische Restaurants, ein Irish-Pub, ein hervorragendes Fischgeschäft, das »Haus des Buches«, ein Kino, eine Bierfabrik, das Hotel »Wolga« sorgen für eine abwechslungsreiche und demokratische Mischung. Die Bierfabrik verkauft im eigenen Restaurant. Querstraßen führen zur Oper oder zur Pädagogischen Universität mit einer Fakultät für Wolgadeutsche. Der Vergangenheit der eigenen Familie nachforschen ist ein häufiges Studienmotiv für wolgadeutsche Studenten.

Hier kann ich stundenlang sitzen, lesen, schreiben, Russisch lernen und Spaziergänger studieren. Es ist die Belohnung für den Muskelkater, zumal der Deutsche Lesesaal gleich um die Ecke liegt und ich mir jederzeit neue Zeitungen oder Bücher holen kann. Manchmal wechsle ich die Cafés, manchmal laufe ich zur Wolga runter, manchmal bedanke ich mich bei Lenin, weil seine Definition, was Materie sei, wohl doch nicht zutraf.

Die Frage, was mir in Russland gefällt, kann ich mit einem Wort beantworten – alles. Ich maße mir nicht an, die Verhältnisse eines fremden Landes moralisch zu beurteilen, solange kein offenes, hartes Unrecht geschieht. Die Faszination für das Ganze ist beruflicher Natur, es sind nicht die von mir erzeugten Bilder und Worte, die sich einprägen, ich bin nur ein Archiv. Es gehört eben alles dazu, der neue

Geldadel und die neuen Kirchen, die altrussische Höflichkeit und Herzlichkeit, der schwarze Humor und der Sarkasmus, die selbstverliebte Männlichkeit und die Lust an der Selbstzerstörung, die Liebe zu den kleinen Gesten und der operettenhafte Charme vieler spontaner Feiern.

Die Stimmung in der Stadt mit ihren knapp eine Million Einwohnern ist deutlich gelöster, freundlicher, entspannter als in den Jahren zuvor. Man spürt, was die Umfragen bestätigen, der Optimismus der Menschen in Russland ist gewachsen. Der Autoverkehr hat stark zugenommen, Sushi-Essen ist eine neue Mode.

Ein treuer Leser bringt mir Geschenke in die Bibliothek, Fahrradabzeichen der Miliz aus der sowjetischen Zeit oder die »Pravda« vom Tag nach Stalins Tod. Über seine Geschenke muss er selber kichern.

Alexander Sergejevitsch hat nicht nur dieselben Vornamen wie Puschkin, er ist selbst ein literarisch bedeutsamer Mensch – wenn auch vielleicht nur für mich.

Wenn jemand viele tausend Kilometer reist, muss man ihn doch mit einem Geschenk begrüßen, sagt er, als wir im Café am Prospekt Kirova sitzen.

Er begrüßt mich nämlich in jedem Jahr mit einer Wandzeitung und treibt, ich muss es so sagen, einen kleinen Personenkult um mich.

Früher war ich Dissident, heute bin ich Konservator, sagt er und lacht.

Dissident?, frage ich.

Er habe heimlich Deutsche Welle gehört.

»Alles war adaptiert damals«, sagt er, Bücher, Märchen, das Leben.

Er zieht Kopien und Zeitungsartikel aus seiner Tasche, zeigt zwei deutsche Fassungen des Märchens

»Aschenputtel«. Bei Gebrüder Grimm heißt es »Das Kind war fromm«, in der DDR-Ausgabe »Das Kind war brav«. Er lacht wieder. »Alles adaptiert!«

Er muss ein unglaubliches Archiv zu Hause haben. Als Nächstes zeigt und schenkt er mir einen Kafka-Artikel aus der FAZ vom Juli 2006, außerdem aus der Moskauer Deutschen Zeitung einen russischen Artikel über Wernigerode, meine Geburtstadt. Dann rezitiert er deutsche Bänkellieder, seine besondere Vorliebe.

Seine Kindheit hat er auf einem Sovchos »Nr. 46« verbracht, einer Landwirtschaftlichen Produktionsgemeinschaft mit etwa zweihundert Bewohnern. Im Kulturhaus wurde »Die Ehe der Maria Braun« von Fassbinder gezeigt, auch Filme mit Louis de Funès. Als Student kam er nach Saratov, studierte Geschichte. Heute arbeitet er als Nachtwächter an einer Schule, so hat er Zeit zum Lesen. Das Gehalt ist mager, 2 000 Rubel, etwa 60 Euro, die Renten sind höher.

Er zeigt mir, wo früher welche Geschäfte standen, erinnert sich an die Preise. Als ich seine vielen Talente lobe, meint er: Wer bin ich schon? Ein Außenseiter! Ich habe kein Geld und keine Zähne.

Ich antworte: Sie sind das Gedächtnis dieser Stadt, man sollte Ihnen einen Ehrenrente zahlen! Er lacht wieder.

Als ich die Rechnung im Café begleiche, wird ihm regelrecht schwindlig – 900 Rubel, 25 Euro für ein paar Tassen Kaffee und drei Gläser Wasser.

Herr Brumme, Sie sind ein Rockefeller, meint er. Hoffentlich wird es nicht das Thema der nächsten Wandzeitung.

Pappe: Ich bin eine Mumie. Helfen Sie mir bei meiner Rückkehr nach Ägypten.
Werbetafel im Schaufenster: Niedrige Preise – nahe am Menschen.

## 45 – Sonnabend, 18. August 2007
### Saratov – Kasatschka, 137 km (5722)

Abschied von Aljona und Boris am frühen Morgen. Inzwischen lautet ihr Plan: Winterreise Vladivostok – Salzburg – Berlin – Saratov. Viel Vergnügen in den Eisstürmen, ihr Hyperboreer!

Vorbei am Haus der Zwillinge. Sie schlafen noch, sonst wären sie zum Winken gekommen.

Der Kilometerzähler funktioniert nicht. Das Kabel scheint in Ordnung, ich überprüfe es an einer Tankstelle. Tja, das ist ein Grund, abergläubisch zu werden. Genau bis Saratov ließen sich die Kilometer zählen, zurück nicht mehr! Also wird es auf der Rückfahrt keine Statistik geben, es sei denn, ich zähle die Gänse und Schweine. Sehr schade, ich wollte nicht nur das Trikot des aktivsten Fahrers tragen, sondern auch das des schnellsten. Aber ohne Zahlen gibt es keine Urkunde. Ab jetzt gilt ein neues Wertesystem, die Rationalität wird verlassen.

Bis Berlin sind es etwa zweitausendachthundert Kilometer. Die Strecke im Groben: Voronesch, Kursk, Sumy, Kiev, Kovel, dann geht's in die Moderne, nach Polen und Deutschland.

Ich will so schnell wie möglich fahren, vielleicht auch jede Einladung ablehnen. Im Schnitt könnte ich vielleicht einhundertfünfzig Kilometer pro Tag schaffen und einen Ruhetag pro Woche einlegen, dann wäre ich in drei Wochen in Berlin.

Vielleicht werde ich meine Brigade besuchen, vielleicht auch in Poltava vorbeischauen, noch einmal Rock 'n' Roll tanzen.

Das Fahrrad hat einige Defekte, wie fachkundige Helfer in der Zwischenzeit bemerkten. Der Gepäckträger ist gebrochen, Aljona und Boris haben ihn mit Draht umwickelt. Die Halterung vom Fahrradständer ist angebrochen. Ich hatte den zweitbesten, zweitteuersten gekauft, aber es half nichts.

Echte Sorgen bereiten mir jetzt aber die Reifen. Larissas Freund meinte, ich müsse unbedingt den hinteren Mantel auswechseln. Das Profil sei runter. Ich hatte den Querschnitt des Mantels und die extra starke Gummieinlage aber im Fahrradladen gesehen. Nach meiner Schätzung sollten die Reifen bis Berlin halten. Schließlich stimmte ich zu, die Mäntel auszuwechseln, den vorderen, weniger belasteten, auf das Hinterrad zu spannen. Nun merke ich: Das war sicher falsch! Die Reifen laufen nicht rund, der vordere schlackert, der hintere erzeugt unguten Widerstand. Eigentlich ganz logisch, Gummi und Metall hatten sich angepasst.

Nach etwa zwanzig Kilometer, genau in Höhe der Abfahrt zu Romans Datscha, wo wir uns am vorletzten Tag in einer Herrenrunde noch zum Schaschlikessen getroffen hatten, zeigt der Kilometerzähler wieder korrekte Zahlen an. Er misst Geschwindigkeit und Fahrzeit, und ich werde mich doch wieder an Zahlen berauschen und darüber lachen. Ich könnte das elektronische Zählwerk natürlich abmontieren, aber dafür bin ich zu willensschwach.

Vor mir nur Wald, neben mir nur Autos. Nachmittags durch Butirkij und Kalininsk. Sonnabend aber doch starker Verkehr. Die Beine schmerzen, die Muskeln sind steif. Es regnet ein bisschen, es ist kühler geworden. Viele Schlaglöcher. Ich versuche eine durchschnittliche Geschwindigkeit von 20 km/h zu erreichen.

Die Deutschen sind noch immer die beliebtesten Ausländer in Russland, das zeigen viele Umfragen. Man wundert sich allerdings, dass »die Zeitungen in Deutschland so viel Negatives über Russland berichten«. Einige politische Meinungen, unterwegs aufgesammelt: »Niemand kann sagen, wie man Russland besser regieren könnte, niemand hat bessere Rezepte als die jetzige Regierung!« – »Sollen die Oligarchen uns wieder ausrauben?« – »Unsere Regierung kennt die Probleme des Auslandes, deshalb vertrauen wir ihr!« – »Zeitungen lese ich gar nicht mehr, in allen steht das Gleiche, wie früher in der DDR.« – »Wir haben Ruhe und Stabilität nach fünfzehn Jahren Chaos.« – »Auf die Politik hat sowieso niemand einen Einfluss.« – »Wir können langsam wieder stolz auf Russland sein, Ausländer kommen zu uns und wollen bei uns leben und Geschäfte machen!« – »Der Westen freut sich doch nur, wenn es uns schlecht geht.« – »In Usbekistan gibt es keine Demokratie, aber wir hatten noch nie so viel Freiheit in unserer Geschichte wie heute!« – »Unser Präsident trinkt keinen Alkohol, also kann in Russland nicht alles schlecht sein!« – »Wir haben so viele Verrückte, jemand muss für Sicherheit sorgen!« – »Wir erwarten vom Staat keine Lösung unserer Probleme, wichtig ist, dass uns der Staat in Ruhe lässt, Frieden ist das Beste.« – »Die Oligarchen und die westlichen Öl-

Multis wurden gezähmt und müssen jetzt Steuern zahlen.« – »Putin hat die Rohstoffe für Russland zurückgeholt.« – »Demokratie macht nicht satt, genauso wenig wie der Sozialismus!« – »Das Fernsehen ist wie in der Sowjetunion, die Präsidentenwahl ist Theater, Kollektive werden zum Wählen verpflichtet.«

Verständliche Haltung in Russland: Solange ich arm bin, lebe ich ehrlich. Ich fahre stolz mein rostiges Auto.

Vielleicht ist dies bemerkenswerter: Der Stadtpark von Saratov, eine Perle der Gartenarchitektur, scheint jetzt Kvas-freie Zone zu sein. Ich sah keinen einzigen der gelben Kvas-Wagen, wohl aber alle zehn Schritte Cola-Automaten. Dabei löscht Kvas den Durst viel besser.

Abends: das Dorf Soglasnij – Einverständnis! Ich habe einen Schlafplatz im Unterholz. Am lautesten sind die Vögel, wenn sie Würmer picken.

Nach zwei bis drei Stunden Tiefschlaf – man könnte mich wahrscheinlich wegtragen, und sicher schnarche ich – werde ich wach, verrichte ein kleines Geschäft, trinke etwa einen halben Liter Wasser, esse ein paar süße Kekse. Dann schlafe ich noch einmal, meist vier bis fünf Stunden.

## 46 – Sonntag, 19. August 2007
### Kasatschka – Birjutschij, 164 km (5 886)

Meine Hoffnung an jedem Morgen, bekomme ich
irgendwo heißen Kaffee oder Tee? Bald scheine ich
Glück zu haben. Über dem Eingang einer Baracke,
die ihre besten Zeiten lange hinter sich hat, verspricht
ein Schild, dass sich hier eine Bar befindet. Ich öffne die Tür, zwei LKW-Fahrer frühstücken. Der eine
isst dampfende Bratkartoffeln, er rührt den Zucker
im Tee um, der andere tunkt ein Stück Brot in die
Pelmeni-Soße, er trinkt Kaffee.

Hier bin ich richtig. Ich grüße, die beiden Männer
antworten, die Frau hinter dem Tresen schweigt. Ich
sehe sie auf den ersten Schritten nur in Umrissen, die
Sonne blendet stark. Bevor ich sie etwas fragen kann,
schlurft sie in die Küche. Sie kommt zurück, wäscht
Gläser, redet kein Wort.

Ist es möglich, etwas zu bestellen?

Wir haben geschlossen.

Jetzt, am frühen Morgen, schließen Sie?

Ja.

Das ist Russland!, ruft der Mann, dem die Bratkartoffeln schmecken.

Ich kenne Russland anders, antworte ich.

Ich kenne Sie, sagt der Mann. Sie sind doch der
Radfahrer? Sie kommen aus Deutschland? Ich habe
im Autoradio einen Bericht über Sie gehört.

Diese Frau hat den Bericht leider nicht gehört.

Warten Sie! Haben Sie Hoffnung! Vielleicht ändert
sie ihre Meinung!

Die Frau wäscht in der Küche Geschirr.

Weshalb schließt die Bar jetzt? Mir scheint, das ist
nicht logisch.

Sie sind schon so lange in Russland, wo sehen Sie Logik?

Mir scheint, das Leben hier wird immer logischer, immer westlicher?

Der Mann zeigt auf die alten Stühle und den alten Tisch.

Das ist westlich?

Die Frau steht wieder hinter dem Tresen, jetzt blinzelt sie in die Sonne.

Ist es möglich, etwas zu bestellen?

Nein. Geschlossen.

Fahren Sie weiter!, ruft der Mann. Bald kommt ein richtiges Restaurant, nur noch ein paar Kilometer!

Wie viele?

Nicht weit. Tschut-tschut.

Nur zwanzig Kilometer, wie ich bald merke.

10 Uhr 59. Grenze des Oblast Saratov. Ich steige vom Fahrrad, fotografiere das Schild. Wie hoch wird es sein, acht Meter? Es ist in einem sehr freundlichen Blau gehalten, die Oblast-Grenzen leuchten gelb im blauen Kreis. Einfach, stolz und klar steht es auf dem

Acker. Der Acker wurde schon umgepflügt. Vielen Dank für den Gruß weitab aller Siedlungen, Saratov!

Die Bushaltestelle bei Archangelskoje: In keinem guten Zustand, aber architektonisch erstaunlich, mit einem Raum für den Fahrkartenverkäufer. Über der Klappe und dem Fenster schweben drei Mosaik-Schwäne, darunter rasen drei schnittige Mosaik-Autos. Die Fahrer, geduckt und der Kurve angepasst, scheinen sich ein Wettrennen zu liefern. Sehr subversiv, dieses Motiv, für die sovjetische Zeit, ein Ruch dekadenter Bürgerlichkeit ist nicht zu verkennen. Vorsicht, hier ist noch Selbstkritik zu leisten!

Vormittags durch Balaschov, eine größere, recht bekannte Stadt. Ich habe Magenschmerzen. Ich fühle mich überhaupt ziemlich mies. Vielleicht scheint die Sonne zu stark.

Da steht ein blöder Autofahrer am Straßenrand. Der ist blöd, weil er blöd ist, weil ich das so will. Na komm her, du Meckerkopp, auch wenn du nichts sagst. Ich habe Lust, mich zu prügeln, ganz klar. Soll doch einer versuchen, mich zu überfallen, ich bin bereit. Wer mir mein Fahrrad nehmen will, will mir Haus und Beine nehmen, und das kann ich nicht zulassen.

Wenig später feiert eine kasachische Hochzeitsgesellschaft an einem See, sechzig, siebzig Leute. Dass es Kasachen seien, die da feiern, erzählt mir ein Ehepaar aus Voronesch. Wir trinken ein Bier zusammen unter ihrem Sonnenschirm.

Ich gebe ja zu, hier leben nur gute Menschen, Verzeihung, lieber Fahrradgott.

Abends an Gribanovskij vorbei. Meine Augen sind noch in Saratov.

## 47 – Montag, 20. August 2007
### Birjutschij – Liman, 159 km (6045)

Es ist mindestens so heiß, wie es heißer in den nächsten Jahren nicht werden wird, nicht in diesen geogra-
phischen Breiten, ich habe sicher einen Sonnenstich.
Ich hasse und liebe diese körperlichen Extreme, deshalb habe ich meinen Nacken nicht gekühlt, nicht oft
und ausreichend genug, ich bin gar nicht sicher, ob
ich einen Nacken habe. Ich höre knirschende Steine,
Kühe gucken blöde oder auch nicht, Gras ist Gras,
wichtige Vergewisserung, jederzeit kann EINER von
hinten REINFAHREN, EINER brauchte nur EINE
Sekunde schlafen. Aber es fährt niemand in mich
rein, weil niemand da ist, die nächsten zwanzig Kilometer wird niemand da sein, und dann wird wieder
dreißig Kilometer niemand da sein. Das Wasser wird
knapp. Im letzten Ort standen zwar schöne Häuser,
aber kein Magazin, auch Bewohner schien es nicht zu
geben, oder sie arbeiteten auswärts. Ich schwimme in
Sonnenblumenfeldern.

Wie lächerlich, wenn Literaturredakteure vom »frag-
mentarischem Bewusstsein« moderner Menschen sprechen! Als ob Bewusstsein anders als fragmentarisch
sein kann! Wenn ein Büroarbeiter seine Verstandes-
kräfte schwinden fühlt, kann er zum nächsten Kaffee-
automaten latschen oder ein bisschen was schnupfen.

Ein Dorf namens Chlebsrodnoje. Chleb – Brot. Brot-
heimat … Genau bei Kilometer sechstausend, in der
Stadt Anna – berühmt für ihre Wurst, wie mir der
Schaschlikverkäufer erklärt –, bemerke ich, dass ich
meine Schuhe verloren habe. Seit knapp zwei Mona-

ten habe ich sie nicht getragen, jetzt, wo es bald kühler werden könnte, sind sie weg. Geklaut wurden sie nicht, ich hatte sie bloß nachlässig festgebunden und die Schnürsenkel waren schon morsch. Jetzt habe ich nur noch die Badelatschen, die ich derzeit trage. Solche mit Klettverschluss, schön leicht und billig.

Vasiljevka. Immer noch schlechte Laune. Dabei ist fast alles so, wie ich es mir wünsche, schönes Wetter, freundliche Leute, immer wieder ein Schwätzchen unterwegs, kleine Geschenke, Äpfel, Pflaumen, Schokolade.

Ha! Vor mir ist wieder der Franzose! Ja, der Radfahrer, von dem mir schon die Zöllner an der ukrainisch-russischen Grenze erzählt hatten, vor Rostov-na-Donu! Mehrere Obstverkäufer erzählten mir schon von meinem unsichtbaren Gegner. Er hat eine Woche Vorsprung! Er fährt Paris – Kasachstan – Paris! Und ich Scheißerchen brüste mich mit meinen Kilometern! Er hat offenbar auch den kürzesten Weg gewählt für die Rückfahrt. Ein Franzose, dass ich nicht lache. Ich wollte die erste Tour de Wolga gewinnen. Da denkt man, man tut etwas Einmaliges, aber nee, es ist auch nur eine Kopie.

## 48 – DIENSTAG, 21. AUGUST 2007
## LIMAN – TIM, 182 KM (6227)

Morgens durch Rogatschjeska, ich frühstücke auf dem Marktplatz. Gesundes, einfaches Essen, Kraut-salat, Tomaten, Brot mit Leberpastete, einen Liter Joghurt. Geschwindigkeitsrekord, 62,7 km/h! Eine zauberhafte Abfahrt am frühen Morgen, hinab in eine Senke, glatter Asphalt, keine Autos oder Hüh-ner auf der Straße. Das Herz und die Reifen flatterten aber doch.

Voronesch, eine Hölle für Fahrradfahrer, staubig und laut. Ich fand natürlich keine Umgehungsstraße bzw. ich dachte, ich hätte eine gefunden. Mehrmals glaubte ich, dass die Stadt bereits hinter mir läge. Frühstück mit einigen Autoschlossern, sie erklären, wie ich aus dem Fabriken-, Werkhallengewirr wieder herausfin-de, in das ich mich verirrt habe.

Die Autofahrer verhalten sich wieder einmal rück-sichtsvoll, ganz anders als manchmal gegenüber Fuß-gängern. Aber die Abgase sind schrecklich, ähnlich wie vor Rostov.

Ich bin süchtig nach Cola seit zwei Tagen, das kann nur an meiner Laune liegen.

Jeder Schritt in der Sonne tut weh, so heiß ist es. Ich gieße mir immer wieder Wasser über den Kopf, es kühlt für einige Minuten. Ich trinke pro Stunde etwa einen Liter, alles durcheinander, Saft, Kaffee, Wasser, Tonic-Water.

150 Kilometer am Tag schaffe ich locker. Ich fahre direkt auf Kursk zu, werde aber etwa siebzig Kilome-ter vor der Stadt Richtung Süden abbiegen.

»Das Gute ist in gewissem Sinne trostlos« (Kafka). Das Gute ist fad.

Ich fahre und fahre und träume von einem Swimmingpool und von Nixen und von einer Welt ohne Autos, als eine Fata Morgana neben einer Tankstelle auftaucht, ein gelber Springbrunnen auf Rädern. Oder was ist das?

Ich sehe Wasser im Überfluss, viel mehr Wasser, als ich zum Duschen brauche, einen ganzen Tankwagen voll! Auf der Tankklappe sitzt ein Arbeiter, er hält einen Schlauch in der Hand und duscht den Rasen, also kann er mich auch duschen, denke ich mir. Ich stelle mein Fahrrad ab, ach, ich lasse es fallen, ziehe gerade noch Fotoapparat und Diktiergerät aus den Taschen, laufe zu dem Wasserstrahl, frage schnell, ob das Wasser sauber sei – Ja, natürlich! – und dann prasselt es aus dem Feuerwehrschlauch schon eisig auf meinen Kopf, ich kann kaum stehen, so stark ist der Druck aus dem Schlauch, so schwer das Wasser und so schmerzhaft kalt. Durchatmen, zur Seite springen, Luft holen, wieder unter den Schlauch. Der Fahrer freut sich, er stellt die Pumpe extra stark, der Mann auf dem Tank ist sowieso vergnügt, und ich bin es auch.

Brutal, aber wirksam, diese Kur, ich bin wieder wach.

Nachmittags in Gorschetschnoe. Abends eine dumme Irrfahrt auf der Suche nach einem Schlafplatz. In einem Wäldchen ist der Boden zu feucht, ein fauliger Geruch beschert sicher schlechte Träume.

Dann ein Dorf, ein sehr rätselhaftes, wie mir scheint. Rjaevka. Ich kann nicht sagen, wie dieser Eindruck entsteht. Eine zahnlose Alte schimpft mit ihrer Enkelin. Auf dem Friedhof zwei frische Gräber. Die Verkäuferin will das Magazin gerade schließen, aber mir verkauft sie noch eine Flasche Bier. Ich fahre weiter, muss an Schweine- und Kuhställen vorbei, wieder misstrauische Blicke einiger Arbeiter. Als ich endlich weit genug von dem Dorf entfernt zu sein glaube, stoße ich wieder auf die Trasse, ich bin nur im Halbkreis gefahren. So kommen die Kilometer zustande.

Dann bin ich am Ende mit meinen Kräften, ich fahre nur noch geradeaus am nächsten Maisfeld entlang, das nächste Fleckchen Wiese ist der Zeltplatz.

Zelt aufstellen, duschen, die wunden Stellen am Hintern pflegen, SMS lesen, Bier trinken. Die Muskeln sind noch heiß, ich würde am liebsten weiterfahren.

Fahrzeit: 9 h 7', 182 km.

## 49 – Mittwoch, 22. August 2007
## Tim – Bummena, 174 km (6401)

Sieben Uhr morgens auf dem Fahrrad. Hinter Tim
möchte ich eine Bushaltestelle fotografieren, keine sehr
aufregende, aber doch fürs Archiv. Ein junges Mädchen sitzt da und wartet, ich bitte sie, aufzustehen.

Sie will nicht. Ich bitte ein zweites Mal. Sie schüttelt den Kopf.

Haben Sie eine Depression?, frage ich.

Sie lächelt, vielleicht über die Anrede Sie. Aber
aufstehen möchte sie nicht. Eine ältere Frau, die ein
paar Schritte weiter wartet, schimpft mit ihr.

Das ist gar nicht nötig, aber sie möchte ihre Autorität erproben. Dem Mädel wird es zu laut, sie geht
gleich hinter die Bushaltestelle, da muss sie nun wirklich niemandem mehr antworten.

Vormittags durch Solnsjevo. Endlich wieder Feldwege, Äcker, schmale Straßen. Schilf, zweieinhalb
Meter hoch. Und ich bin wieder unter Freunden.
Guten Tag, Großmutter Ziege! Wir haben schon einiges von der Welt gesehen, wir beide, nicht wahr?
Skeptisch, etwas eingebildet: die Kühe. Die demokratischen Entenvölker grüße ich ebenfalls, besonders
herzlich aber die albernen Ponys.

Im Magazin fragt eine Bäuerin: »Pollacke?« Ob ich
Pole sei. Das Wort, Pollacke, war mir nur von gehässigen alten Deutschen bekannt. Ich hätte die Frage
bejahen sollen, so verachtend fragte die Frau.

Mittags Obojan. Was für eine schöne Kneipe! Holz-
veranda, Westernkulisse. Eine Wolgadeutsche ist die
Chefin, sie stammt aus Saratov.

Hier ist es nicht gut, sagt sie auf Russisch. Dann, im besten Deutsch: Alles Scheiße hier!

Sie zeigt auf die Zeitung, Herausgeber ist eine regionale politische Partei.

Was ist nicht gut?

Es gibt keine Arbeit, schlechte Organisation, kaputte Wohnungen.

Tatsächlich?

Heute kann ich von meiner Arbeit leben, aber was, wenn ich Pensionärin bin? Ich weiß es nicht.

Drei Männer vom Nachbartisch mischen sich ein.

Aber ihre Suppe ist die beste in der Stadt!

Ich probiere die so gepriesene Fleischklößchensuppe und bestelle eine zweite, denn sie schmeckt wirklich ausgezeichnet. Weiteres Essen: Weiße-Bohnen-Suppe, Schaschlik, Tomatensalat.

Mein Tagessoll an Kilometern habe ich fast geschafft, ich könnte Feierabend machen. Das dient mir als Ausrede, noch ein zweites Bier zu trinken.

Die Männer wollen wissen, ob es schwierig sei, so lange allein zu sein und mit niemandem zu reden.

Aber ich rede doch mit Ihnen!

Schlafen Sie bequem, im Wald?

Wenn Sie wüssten, wie bequem!

Ich bitte sie, auf mein Fahrrad aufzupassen. Die Wirtin möchte im Café noch ein Gläschen mit mir trinken.

Die Männer antworten im Chor: In Russland wird nicht geklaut!

Genau, das ist auch meine Erfahrung.

Letzte Nacht in Russland, bei Bummena. Ich zelte in einem Mischwald, der zwar am Rande eines gepflügten Ackers liegt, aber Sträucher, Disteln, Birken und Pappeln verdecken die Sicht. Sehr trockener Boden. Die Bäume sind hoch, erst in den Wipfeln strecken sich ihre Zweige, ich kann mit der Taschenlampe weit über den Boden leuchten.

Mit Käfern verkehre ich meist per Du. Die Waldmäuse machen einen Lärm, als wollten sie Eulen zum Opferfest einladen.

Über das Diktaphon höre ich weiter als mit meinen Ohren. Viele Geräusche, die ich nur Fabelwesen zuordnen kann. In der Natur herrscht Demokratie, nicht nur der Elch, auch die Grille hat Stimmrecht.

Dieses Stück Wald hat irgendetwas Komisches an sich, wie kann das sein? Ein Wald und komisch? Igel und Maulwürfe teilen sich die Etagen, es klingt wie ein Streit unter Mietern.

Fahrzeit: 9 h 30'. 174 km. Spitze: 59,3 km/h. Sehr vernünftig, nicht zu schnell!

Plan: Im nächsten Jahr nach Vladivostok fahren, an den Pazifischen Ozean. Vielleicht über Georgien, Armenien, Kasachstan? Puh, verrückter Kerl.

Beim Fahrradfahren handle ich stets nach Maximen, von denen ich wünsche, dass sie allgemeine Gesetze werden. Beim Schreiben sicher nicht. Also, den gesünderen, moralisch besseren Lebensweg wählen.


### 50 – Donnerstag, 23. August 2007
### Bummena (Russland) –
### Budi Dolgije (Ukraine), 157 km (6558)


Ein Komiker begrüßt mich zum Sonnenaufgang – der Fuchs. Ich habe gerade das Zelt abgebaut und die Hosen heruntergelassen, um mein Morgengeschäft zu verrichten. Der Rote kommt von der nächtlichen Jagd, ich höre seine Schritte auf dem trockenen Laub schon lange, bevor ich ihn sehe. Ganz klar, dass er hier nicht zum ersten Mal langläuft. Einige Meter vor mir bleibt er stehen, neben dem Stamm einer Buche. Er sieht mich und versucht zu begreifen. Er grinst nicht, aber er zwinkert mit einem Auge. Ich schiebe langsam meine Hand in die Trikottasche, um den Fotoapparat rauszuholen. Doch Reineke Fuchs mag keine Presse, schon kneift er die Rute ein und verschwindet im nächsten Gebüsch. Arme Kreatur, die mit so viel Angst durch die Welt rennt.

Heute kann es keine bedeutungslose Minute geben. Herrliche Alleen, schattig, still, nur ab und zu Traktoren.

Sudža, Grenzstadt. Seltsames Restaurant am Bahnhof, das Bestellsystem ist noch sowjetisch, ich begreife es nicht und habe keine Lust, die Einzelheiten zu protokollieren und mir den Abschied verderben zu lassen.

Russisch-ukrainische Grenze. Der russische Offizier, sportlich, braungebrannt. Er prüft meinen Pass, stellt ein paar Fragen.

Na, sagt er, wären Sie lieber als Soldat nach Russland gekommen? Das ist wohl besser, mit dem Fahrrad? War Ihr Großvater in Stalingrad?

Ach, ich strahle sicher wie ein Jungpionier, als ich dem Offizier brav und mit ganzer Überzeugung schwöre: Ja, ich fahre lieber Fahrrad, als dass ich Soldat bin.

So etwas hat mich in Russland noch nie jemand gefragt, soweit ich erinnere. Es kommt mir vor, als ob der Teufel selbst mir einen Gruß schickt.

Als Deutscher wird man fast nie nach dem Krieg befragt, allenfalls sehr diskret. Man will den Deutschen die Scham ersparen.

Der zweite Offizier, ein paar Schritte weiter, fragt:

Aber Ihre Kollegen in Deutschland glauben bestimmt, dass Sie –

– verrückt sind?, frage ich. Bjesumni?

Da, bjesumni, sagt er.

Ich möchte ihm lieber nicht erzählen, was die deutschen Kollegen manchmal über seine Heimat schreiben, er würde glauben, ich berichte über Barbaren.

Hatten Sie keine komischen Begegnungen mit meinen Kollegen von der Miliz?, will er wissen.

Nein, sage ich, vielleicht eine etwas komische.

Wenig später meint der ukrainische Grenzoffizier bei der Einreisekontrolle, während ich ein Zolldokument ausfülle und er einen Zeitungsartikel über meine Reise liest: Christoph, Sie sind ein glücklicher Mensch.

Was? So etwas hat mir noch nie jemand gesagt.

Diese gefährlichen, »ost«-europäischen Grenzen! Die polnische Zöllnerin besorgt mir ein Taxi, die Ukrainer flechten mir einen Siegerkranz, und hier überbieten sich die fremden Brüder mit literarischen Sätzen.

Ihre deutschen Kollegen tun mir jetzt schon leid, sie werden es schwer haben. Weniger als Blumen wäre eine Enttäuschung, das sage ich gleich.

Eine Bushaltestelle, zehn Kilometer hinter der Grenze, in einer kaum besiedelten Gegend: Mischka, der Olympia-Bär. Knapp drei Meter hoch ist dieses Mosaik, es hat die Form eines Torbogens. Mischka lacht etwas einfältig, wie ein überfütterter Zoo-Bär.

Was hat sich der Künstler dabei gedacht? Mit dem kleinen Finger sich über die linke Augenbraue streichen – das wäre die passende Antwort.

Ich wollte Sumy weiträumig umfahren, wollte auf dem kürzesten Weg nach Kiev. Aber nein, Pech gehabt, Sumy will mich sehen, wieder einmal fehlten Hinweisschilder. Sogar Autofahrer aus Weißrussland fragten nach der Richtung, na prima.

Soll ich nach Poltava abbiegen? Oder soll ich DEM FRANZOSEN nachjagen? Dessen Spur habe ich vielleicht verloren, möglicherweise fährt er über Minsk.

Wertvoller als goldene Paläste: die Wasserpumpen am Straßenrand.

Ich weiß nicht, ob ich die nächsten fünfzig Kilometer Wasser bekommen werde. Wen ich auch fragte, niemand konnte klare Auskunft geben. Egal, ich vertraue Gott.

Und er zeigt sich gnädig, in Budi Dolgije hat ein letztes Restaurant noch geöffnet.

## 51 – FREITAG, 24. AUGUST 2007 BUDI DOLGIJE – BOBRYK, 161 KM (6719)

Immer noch ist es gnadenlos heiß. Schläfrige Dörfer entlang einer Bahnlinie. Die Nähe zu Kiev ist nicht zu bemerken.

Wieder glauben orientierungslose Autofahrer, ich könne ihnen erklären, auf welcher Straße wir fahren. Es führen zwei Straßen parallel auf Kiev zu, über Pyriatyn und über Prilyki, im Abstand von etwa dreißig Kilometern. Beide Straßen enden in der Stadt Boryspil. Pogreby heißt die nächste Siedlung hinter Prilyki. Nach Pyriatyn müsste Smotriki Zazanivka kommen. Vielleicht liegt Smotriki Zazanivka aber etwas abseits der Trasse, dann wäre Zylymivka die nächste Ortschaft.

Meine Ukraine-Karte ist eigentlich sehr genau, Maßstab 1 : 1 000 000, 1 cm = 10 km. Reißfest und wasserabweisend. Die Buchstaben ukrainisch und lateinisch. Das Schriftbild des Ukrainischen ist dem Russischen sehr ähnlich.

Unbedingt zu schreiben: eine Fortsetzung des Romans »Die andere Seite« von Alfred Kubin. Die Handlung dort: Ein Maler und seine Gattin werden eingeladen, ein »Traumreich« zu besuchen. Dort ist fast alles so wie in der wirklichen Welt, aber eben nur fast. Eine Stecknadel hat den Wert eines Pferdes, und morgen ist es umgekehrt. Auch die Menschen verhalten sich dementsprechend manchmal seltsam. Der Maler und seine Gattin möchten schlafen, doch sie können nicht, denn aus dem Treppenhaus ertönt unaufhörlich Lärm. Der Maler öffnet die Tür, drei Männer stehen draußen und erklären: »Wir machen Nebengeräusche!«

In zweitausend Jahren werden Kommunismus und Marktwirtschaft Nebengeräusche gewesen sein, das tröstet doch.


Die Hauptfigur dieses Romans sollte ein Organist sein. Weil ein Orgelspieler nämlich schlechter entlohnt wird als ein Kerzenständer, in der heutigen Zeit.

Damit der Leser versteht, dass es sich nicht bloß um eine poetische Erfindung handelt, sollen die Lebensumstände des Organisten so wirklichkeitsnah wie möglich geschildert werden.

Der Organist, nennen wir ihn Gregor, spielt »Das Schicksal setzt den Hobel an« und »Du kleiner Trompeter«. Sein Arbeitsplatz ist die Orgel in einer Dorfkirche. Die Trauergemeinde weint und ist zu

Herzen gerührt. Der Organist erhält seinen Lohn, der ihn drei Tage ernähren wird. Auch das Dasein des Kerzenständers muss bezahlt werden. Die Miete für den Kerzenständer ist höher als der Lohn für den Organisten. Von dieser Miete könnte der Organist sechs bis zwölf Tage leben statt nur drei. Obwohl der Kerzenständer nicht üben musste!

Deshalb ist der Organist manchmal etwas neidisch auf den Kerzenständer. Ein Kerzenständer ist viel wertvoller als ein Mensch, auch wenn der Kerzenständer bloß aus Blech ist. Blut ist womöglich wertvoller als Blech, aber nicht wenn es ungenutzt in einem menschlichen Körper fließt. Solche Gedanken darf man dem Leser natürlich nur langsam nahebringen, er kennt schließlich nicht die Wirklichkeit, in der er lebt.

Die letzte Suppe war bestimmt nicht gut. Ich verbringe viel Zeit in Gebüschen und Straßengräben und habe bald kein Toilettenpapier mehr.

Das passiert, wenn man sich überschätzt. Gerade hatte ich ein neues Ziel formuliert: die Strecke Saratov – Berlin in achtzehn Tagen zu bewältigen. Ich fahre ja mehr als 150 Kilometer pro Tag. Und ich habe noch Reserven.

52 – SONNABEND, 25. AUGUST 2007
BOBRYK – KIEV – BUCHA, 214 KM (6933)

Erster kühler Tag, bedeckter Himmel, Nieselregen, scharfer Seitenwind. Und ich trage immer noch Badelatschen. Falls ein Schuhgeschäft am Straßenrand auftauchen sollte, werde ich mich vielleicht der

schweren Mühe unterziehen, neue Schuhe zu kaufen
– wie schrecklich, über Preise und Größen zu entscheiden!

Sie sind ein glücklicher Mensch, dieser Satz des
ukrainischen Offiziers will mir nicht aus dem Kopf.

Vom alten Victor Hugo ist die Äußerung überlie-
fert, er habe, alle glücklichen Momente seines Lebens
zusammengerechnet, nicht mehr als zehn Minuten
Glück erlebt.

Ich dachte vor dieser Reise, es sei unmöglich, diese
Zeit zu erreichen. Doch nun kann ich sagen, dass ich
glücklicher war als Victor Hugo.

Ich könnte auswandern, falls ich das Geld für die
Dokumente aufbringen würde. Meine Brigade würde sich freuen über ihr altes Mitglied. Als Bauarbeiter
in der Ukraine könnte ich eine Familie gründen, ich
könnte Kinder ernähren und sie wie ihre Schulkame-
raden kleiden.

Apropos Glück: Nur wenige Menschen sind zu
wirklichem Hass fähig. Es gehört starke physiolo-
gische Kraft zum Hass. Hassverzerrte Gesichter wirken oft geometrisch.

Auch glückliche Menschen haben Feinde. Der Haupt-
feind ist stets da, wo wir zu kämpfen aufgehört haben,
meinte Stalin, und er hatte recht, denn mein Haupt-
feind ist der Wind, und der kommt immer von vorn,
immer aus der falschen Richtung. Auf der Hinfahrt
hatte ich fast immerzu Gegenwind, und ich tröste
mich – auf der Rückfahrt wird der Ostwind helfen!
Falsch, der Wind ist ein Zyniker.

Schwere Entscheidung am Nachmittag, nach 140–
150 Kilometern: Wenn ich weiterfahre, muss ich durch
das Stadtgebiet von Kiev. Und Kiev ist verdammt groß.
Jetzt habe ich noch Kraft, aber in zwei, drei Stunden?

Kiev ist eine Heldenstadt und trägt einen Orden. An große, weiße Buchstaben ist der Orden geheftet, der Rotbanner-Orden der sowjetischen Armee vermutlich. Das offizielle Schild, ukrainisch geschrieben: KIJIV.

Schande über mich und meine Nachfahren – ich esse wieder, wie in Dnepropetrowsk, bei McDonald's. Ich kenne die Regeln, es geht schnell und verdirbt garantiert nicht meinen Dorf-Magen.

Auch bei McDonald's haben sie Humor. Mein Vorname steht auf dem Cola-Becher. Ich kann doch lesen. Mein Vorname in lateinischen Buchstaben. »Ich liebe es«, steht in Deutsch darüber.

Es ist kein Witz, sondern eine alte Geheimdienstmethode. Das Zielobjekt soll verwirrt, die Anordnung alltäglicher Gegenstände in vertrauten Räumen (Wohnung, Büro, Auto) verändert werden. Fremde sprechen dich als Bekannten an, erzählen dir Geschichten aus deinem Leben, an die du dich selbst nicht erinnern kannst.

Jetzt hat mich die Radfahrerkrankheit doch erwischt. Niemand kennt mich hier und kann mir einen Becher mit meinem Namen geben. »I'm lovin it – Ich liebe es – lov to ko«. Ich grüße mich auch auf Japanisch oder Chinesisch. Gleich neben meinem Namen steht eine Internetadresse. Aha. Ein Fußballer und Namensvetter ist gemeint, dessen grob retuschiertes Foto ist auf den Becher gedruckt.

Seit Saratov 8 Tage = 1300 Kilometer gefahren. Kiev dürfte in der Mitte zwischen Saratov und Berlin liegen.

Ich will jetzt Sport, ich merke es. Etwas zieht oder befiehlt: Fahren, fahren, fahren! Nicht nach hinten,

nicht zur Seite gucken. Hinten lauert der Tod, nebenan kichern Neid und Missgunst.

Stadtautobahn von Kiev, keine Miliz in der Nähe,
bosche moi. Falls ich die falschen Abfahrten erwi-
sche, die nach Bojarka oder Zhytomyr, droht mir
ein Umweg von etwa hundert Kilometern. Richtung
polnischer Grenze will ich über Korosten, Sarny,
Kovel fahren, parallel zur weißrussischen Grenze. Es
scheint eine ziemlich dünnbesiedelte Gegend zu sein,
nur drei kleinere Städte und wenige Dörfer liegen an
der fünfhundert Kilometer langen Trasse. Dort wartet doch eine Überraschung auf mich, vielleicht der
letzte Höhepunkt der Reise!

Mehr als zweihundert Kilometer in den Beinen, und
noch immer kein Schlafplatz. Wie zu erwarten, Kiev
zieht sich hin, es wird dunkel und die Straßenmärkte
schließen.

Wenn ich besseres Licht am Fahrrad hätte, würde
ich vielleicht die Nacht durchfahren, der tote Punkt
ist überwunden, das Treten bedarf eigentlich keiner
Willenskraft mehr. Die Straße ist aber nicht günstig
für eine Nachtfahrt, der Seitenstreifen ist zu schmal,
ich sehe es bald ein. Aber anhalten will ich auch
nicht.

Zweiundzwanzig Uhr, ich schalte das Licht aus
und fahre langsam in einen Kiefernwald. Es genügt ja,
die schwache Sandspur am Boden zu erkennen. Ein
Baum liegt quer über dem Weg, ich muss absteigen
und das Fahrrad schieben. Es ist bewölkt, das Mond-
licht schimmert nur matt. Zwischen jungen Fichten
ist Platz für Zelt und Fahrrad. Ich taste den Boden ab,
es ist Moosboden, gut geeignet zum Schlafen.

Fahrzeit: 10 h 58'. 214 km. Die große Hitze scheint vorbei, deshalb fuhr es sich heute leichter, trotz Wind und leichtem Regen.

## 53 – SONNTAG, 26. AUGUST 2007
## BUCHA – KOROSTEN, 167 KM (7 100)

Heute ist Dienstag? Oder Sonntag? Wohl Sonntag.
Das Wäldchen in der Nähe von Bucha, in dem ich
schlief, grenzt an Villen und Sanatorien. Fast eine
Stunde dauert es, bis ich zur Trasse Richtung Kovel
finde.
Dann folgt ein Hundertdreißig-Kilometer-NICHTS.
Kein Geschäft, keine Stadt, keine Waldschenke. Der
Straßenbelag – Betonplatten. Flaches Land, Gegenwind. Das Wasser wird knapp. Vier Liter hatte ich
mit. Ich träume von Bier. In zwei Dörfern war ich
auf der Suche nach einem Magazin, beide waren geschlossen, das eine schon seit Jahren.

Auf solche Blödeleien komme ich nur beim Fahrradfahren:
Literatur als Sport, Autoren in Disziplinen un-
terteilt: William Faulkner, Box-Champion mit zer-
fledderten Lippen, einer wie Rocchigiani. Honoré
de Balzac, Gewichtheber. Andrej Platonov, Formel-
1-Pilot. William Shakespeare, Zehnkämpfer, gedopt
und unschlagbar. Nikolai Gogol, Handballtorwart.
Michail Bulgakov, Schachspieler. Johann Wolfgang
von Goethe, Eisgolfer. Robert Musil, Marathonläu-
fer. Franz Kafka, Pfahlsitzer. Fjodor Michailovitsch
Dostojevskij, Sieger des Triathlon Ironman von Ha-
waii. Samuel Beckett, Pokerspieler. William S. Bur-
roughs, Alpinist. Gertrude Stein, Eiskunstläuferin.
Karl Philipp Moritz, Tour-de-France-Teilnehmer
mit Herzklappenfehler. August Strindberg, Rodler.
Adalbert Stifter, Steilwand-Kletterer. Lew Tolstoi,
Sahara-Marathon-Läufer. Gottfried Benn, Thaiboxer.

Ernest Hemingway, Rodeoreiter. Daniel Charms, Hochseilartist. Céline, Rasenmeister, verantwortlich für die Kloake. Franz Fühmann, Bumerang-Werfer. Günter Grass, Bodybuilder. Hermann Kant, Scrabblespieler.

Ich reite auf einem Laubfrosch durch Arkansas. Noch immer keine Panne. Die Reifen laufen nicht mehr rund. Der Kette fehlt Öl, erste Rostflecken zeigen sich. Mein Helm ist beschädigt, der Schirm ist gerissen. Seit gestern ist es kühl, wohl um die fünfzehn Grad. Ich fahre noch immer in Badelatschen. Zwei Paar Strümpfe, eine Plastiktüte dazwischen, das wärmt noch genug. Japanische Mönche laufen drei Monate schlaflos im Kreis.

Ich will nicht nach Hause, vielleicht fahre ich deshalb so viel. Rede ich mir jedenfalls ein.

Am Abend in Korosten. Ich bin so zermürbt vom ewigen Gegenwind, dass ich bloß bis zum nächsten Geschäft fahre und das Nötige einkaufe.

19 Uhr 30.
Ob man mir das glauben wird? Natürlich nicht. Jägerlatein, wird man sagen. Egal. Ich musste den Schlafplatz wechseln. Zwei, nein drei, weiße Raubtiere wollten mich fressen. Soeben. Vor einer halben Stunde. Das heißt, eigentlich wollten sie das gebratene Huhn, das ich mir leichtsinnigerweise in Korosten gekauft und auf den Gepäckträger geschnallt hatte. Kaum hatte ich das Fahrrad abgestellt, höre ich es knacken. Wilde Hunde, dachte ich. Ich nahm das Fahrradschloss (ein irres Schlaginstrument) in die linke Hand, das aufgeklappte Taschenmesser in die rechte, und wartete.

Bloß nicht hinhocken, sprungbreit sein! Und das Tänzeln schon üben!

Verdammt, ich Idiot. Mir fiel das Huhn ein. Das wollten sie. Doch jetzt war es zu spät. Ein paar Sekunden lang guckten mich zwei Augenpaare an – Gott, das waren Wölfe! Ausgewachsene Wölfe! Was für ein Anblick. Sie sehen verdammt schlau aus, sehr schlau. Womöglich haben sie eine Intelligenz wie Delfine. Ich bin sicher, sie kennen die Geschichten, die wir Menschen über sie erzählen, und es ist ihnen peinlich, dass wir so dumm sind. Doch für Entschuldigungen war keine Zeit. Da kam nämlich noch ein dritter Vertreter angetrabt, ein junger Bummelant, noch etwas tapsig auf den Beinen. Na, vor dem hatte ich keine Angst.

Bitte, nehmt das Huhn!

Aber sie verstanden kein Deutsch.

Ich weiß nicht mehr, wer angefangen hat, jedenfalls, tut mir leid, liebe Tierfreunde, bekam der eine den Kiefer gebrochen (Fahrradschloss), dem anderen steckte das Messer im Hals. Ich schnitt ihnen, wie es Brauch ist unter Schamanen, Ohren und Rute ab und zog von dannen …

Keine Alpträume, gut geschlafen.

54 – Montag, 27. August 2007
Korosten – Kovel, 187 km (7 287)

Schlechter Asphalt, Schlaglöcher, Schotter. Seit fünf Jahren wird an der Trasse gebaut, erfahre ich von zwei Verkäuferinnen. Die nächsten fünfunddreißig

Kilometer werden immer wieder einzelne Abschnitte gesperrt sein. Was danach kommen wird, wissen sie nicht.

Ich fahre weiterhin in den Sandalen, hier gibt's natürlich keine Schuhgeschäfte. Das Geld wird knapp. Zwanzig Griwna habe ich noch, drei Euro. Zuletzt bekam ich Borsch und Pelmeni für einen Euro. Gestern in Korosten war ich zu müde, nach einem Bankomat zu suchen. Als hätten die Verkäuferinnen dies geahnt, schenkten sie mir zum Abschied noch Käse und Brot. Für Lena, die Jüngere, hätte ich schwach werden können, aber sie ist verheiratet. Ich sah mich schon im nächsten Gehöft als Bauer.

Kalter Wind, obwohl die Sonne scheint. Boljarka, 10 Uhr 40. Falls in Boljarka Menschen wohnen, dann tief in den Wäldern. Die Bushaltestelle, die hier mitten im Schatten von Birken steht, scheint lange nicht mehr benutzt worden zu sein. Das Betondach ist morsch, Farbe und Putz blättern. Das Mosaik gehört in die Schule der Naiven Melancholie, der Entwurf gleicht einer Kinderzeichnung.

Kischin, 11 Uhr 30. Wieder steht die Kunst verlassen im Wald. Steinerne Blumen bis unter die Decke, die weißen Mosaike blenden fast wie Glas. Sehr frei und großzügig ist der Entwurf, als hätte ein Meister es dem Lehrling zeigen wollen. Hier bin ich Blume, hier darf ich sein.

Die wochenlange Hitze war nicht so schlimm wie dieser Wind. 10–12 km/h komme ich vorwärts. Sonst bin ich mit halber Kraft doppelt so schnell. Die Straße ist ein langes Nichts. Alle Stunde kommt ein Auto.

Endlich treffe ich mal richtige Banditen, wird ja auch

Zeit. An einer Straßenkreuzung steht ein Imbiss. Die nächsten siebzig Kilometer wird die Trasse wieder an allen Ortschaften vorbeiführen, bis Sarny, einer kleinen Stadt.

Am Tisch vor dem Bauwagen wird kräftig gebechert. Vier Männer, vier Flaschen Wodka. Woanders ist sowieso kein Platz, also frage ich, ob ich mich setzen darf.

Ja, einverstanden, wo kommst du denn her?
Aus der Steppe.
Teufelskerl, lass uns trinken!
Ich habe noch Brot und Käse, die Geschenke, und im Bauwagen gab es Tee. Der große Chef der vier Säufer sitzt im Unterhemd neben mir.
Der da ist Polizist und Bandit, zeigt er auf seinen Trinkgenossen.
Klasse, sage ich.
Wahrheit, sagt er.
Ich glaubte es gleich, sage ich.

Er lacht, sogar der Tisch wackelt.

Teufelskerl, lass uns trinken!

Ich will nicht. Ein Glas reicht.

Zwei müssen sein.

Einverstanden, aber dann ist Schluss.

Er spendiert auch Speck und Brot.

Viel erzählen die Herren nicht, aber es ist unschwer zu ahnen, wie sie ihr Geld verdienen. Sie sind im Baustoffhandel tätig. Allgemeines Gelächter. Wir handeln mit Materialien!

Mit brennendem Magen und brennender Kehle fahre ich weiter.

Ich liebe die Verbrecherwelt, wenn ich nicht schreiben müsste, wäre ich selbst einer geworden. Welche Sparte würde mir liegen? Hochstapler ist man ja immer. Meisterdieb? Die Meisterdiebe heißen heute Programmierer. Der größte Gesetzesverletzer ist ja eigentlich der Staat. Robin Hood hätte heute Magenkrebs und würde gegen die Krankenkasse kämpfen.

Fahrzeit: 10 h, 30', 187 km. Angesichts des heftigen Windes ein guter Schnitt.

Gegessen, getrunken, müde.

55 – Dienstag, 28. august 2007
Kovel – Sarny, 146 km (7433)

Das lange Nichts zeigt seine Krallen. Alles härter als gestern – der Wind, die Kälte, der Asphalt; wieder Baustellen, Umleitungen durch Wälder, Schotter, Kies, Matsch.

Und doch werde ich wieder reich beschenkt. Sensationelle Bushaltestellen, vielleicht habe ich erst heute die schönste aller schönen gesehen, die, welche als erste zum UNESCO-Kulturerbe erklärt werden sollte! Eine letzte Bushaltestellen-Betrachtungsorgie! 7.46 Uhr schon ein Morgengruß, ein blauer Palast mit Pfau, Fisch und Schafsbock. 8.01 Uhr, in Tschortorisk (das hinter sauren Wiesen sich versteckt), zeigt die gesamte Mosaikfläche galoppierende Wildschweine, der Eber voran, die Bache sichert die Frischlinge. 8.23 Uhr, in Novosilki (keine Häuser, nur Kiefernwald), warten steinerne Damen anmutig auf Fahrgäste, die nicht kommen werden. 8.47 Uhr, in Kamjanucha (Häuser in der Nähe!), expressionistische Vitalität, geometrische Formen laden zur Betrachtung ein, hier dreht sich die Fläche in sich selbst. 9.34 Uhr, in Serevynivka, wieder vor Kiefern und Birken, ein Mosaik mit Eule, Uhu und zwei Schwänen, in blassem Blau.

Dann eine Stunde Erholung durch schweres Treten. Ich beschimpfe den Wind, mein Verstand hat gelitten. Vielleicht fahre ich doch nur bis Warschau.

Hier irgendwo sollte der Mittelpunkt Europas sein, vielleicht hinter der nächsten Kiefer. Die Weißrussen reklamieren den Punkt ebenfalls für sich, etwas weiter nördlich. Und zwei-, dreihundert Kilometer südlich behaupten die Karpatenbewohner, dort sei dieser sagenhafte Punkt zu finden. Es soll wohl neun geographische Mittelpunkte Europas geben, die meisten in der Ukraine. Meine Messungen besagen: Hier. Zwischen Serevynivka und Manevitschi. Wo ich 10.03 Uhr bin. Manevitschi lohnt eine Reise, auch wegen der Bushaltestelle, man muss sie gesehen haben. Weiße Pferde mit blauen Schwänzen, in der Tradition Marc Chagalls! Zum Verlieben schön!

Europa kann seine Mitte vorzeigen. Eine Restaurierung dieses Kunstwerks ist allerdings nötig, das Betondach ist morsch, Eis drückt im Winter die Platten auseinander. Eines der Pferde scheint Gefahr zu wittern, das zweite grast, das rechte, äußere, hebt selbstverliebt die Hufe.

10.48 Uhr. Wer von Westen an den Mittelpunkt Europas reist, über Tschevacha, sollte sich Zeit nehmen, auch die dortige Bushaltestelle zu besuchen. Für diese möchte ich persönlich die Patenschaft übernehmen. Ein schrecklicher Kunstzerstörer hat hier das Dach gestrichen und die Mosaiken mit weißer Farbe bekleckert. Es zeigt vielleicht einen Ausschnitt aus dem Paradies, zwar fehlen Adam und Eva, aber Paradiesvögel sind zu sehen.

Herbststurm, Himmel bewölkt, der Wind fegt über die freien Flächen, ich könnte das Fahrrad auch schieben und käme kaum langsamer voran.

Je schwerer, desto schöner werden die Bushaltestellen: 12.12 Uhr, 12.30 Uhr, 12.45 Uhr, 13.13 Uhr, 13.49 Uhr. Es ist einfach nicht zu fassen, welche Kunst hier in der Landschaft steht.

Die Bushaltestelle in Pisotschne erhält bestimmt die Goldmedaille »Schönste Bushaltestelle der Ukraine«. Ich kniete nieder und betete, als ich sie sah, und weigere mich, sie zu beschreiben. 12.45 Uhr, in Koslynytshni, ebenfalls eine Haltestelle, die durchaus von einer solchen Qualität ist, dass nach ihr eine eigene Gattung benannt werden könnte – Neobarock vielleicht.

Kalle, mein lieber Freund Kalle, ich werde dir berichten, dass ukrainische Winde nicht weniger hart sein können als jene am Nordkap!

DAS LANGE NICHTS will, dass ich aufgebe. Da antworte ich doch mit einem Satz von Ernest Hemingway: Ein Mann kann zerstört, aber nicht besiegt werden. Sprach er, griff nach der Flinte und schoss sein Gehirn an die Wand, das keine schönen Worte mehr bilden wollte.

Ich flehe die Götter an, es wieder heiß werden zu lassen, ich bin bereit, die Hitze zu ertragen, nicht aber diesen Sturm.

17.16 Uhr, Marjanivka, mag die Bushaltestelle aussehen, wie sie will, ich habe nur noch Kraft, mich auf den Boden rutschen zu lassen, Wasser zu trinken.

Ein Bauer, der neben mir steht, guckt etwas komisch.

Haben Sie keine Schuhe?, fragt er.

Nun, meine Füße sehen nicht elegant aus, mit den Plastiktüten über den Strümpfen, den eingerissenen Sandalen, die grässlich stinken. Rasiert habe ich mich seit Tagen nicht.

Wie nach dem Krieg, sagt der Mann.

Ich weiß, sage ich.

Zu essen habe ich nichts mehr. Schon dreimal standen alte Schilder am Straßenrand: BAR RESTAURANT. Alte, rostige Schilder, die mal gut gemeint waren, mich jetzt aber auslachen.

Ich schäme mich und denke nicht darüber nach, dass ich weiterhin Zigaretten rauche! Sogar morgens nach dem Frühstück rauche ich eine Zigarette, mittags eine, abends im Zelt die letzte. Vollkommen idiotisch, aber ich bin so willensschwach. Also war die Reise sowieso vergeblich. Der Franzose hat gewonnen, und ich werde mir bis zum nächsten Entwöhnungsversuch im nächsten Jahr die Lunge schwarzrauchen. Von dem

Franzosen habe ich nichts mehr gehört, vielleicht habe ich ihn doch überholt, ohne ihn einzuholen.

Dieser verfluchte Wind. Jedes Stück Wald am Horizont ist Hoffnung. Dort könnte der Wind gebremst werden. Vielleicht. Je nach Länge des Waldes, nach Breite der Straße. Manche Straßen bilden Luftkanäle, es zieht besonders heftig.

Nach zwei Stunden über freie Fläche, an sauren Wiesen und dummen Kühen vorbei, mit Muskeln wie Stahlseilen, wieder ein Schild RESTAURANT. Und wieder ein leeres Versprechen. Einmal kann ich mir noch den Mund ausspülen, dann wird auch der letzte Schluck Wasser verbraucht sein.

Noch drei, vielleicht vier Kilometer bis Kovel. Diesmal ein Schild, das ein fleißiger Maler mit Messer und Gabel bemalt hat. Die Trasse führt an der Stadt vorbei, ich ahne es schon. Weiter. Morgen früh will ich über die ukrainisch-polnische Grenze, rasieren muss ich mich vorher.

Nach einhundertelf Kilometern in Sarny endlich ein Restaurant, zwischen Tankstelle und Autowerkstatt. Ein spießiges, aufgemotztes, es riecht nach gewaschenem Geld. So, wie ich rieche, bleibe ich lieber auf der Terrasse. Im Gastraum hängen Felle an den Wänden, im Kamin brennt Feuer. Feine Leute speisen da.

Zwei Liter Kirschsaft, Borsch, Wiener Schnitzel.

Noch etwa vierzig Kilometer bis zur Grenze, vielleicht weniger. Noch etwa eintausend Kilometer bis Berlin. Das werde ich nicht in fünf Tagen schaffen. Ich will, das ist der neue Plan, bis Sonntagabend in Berlin sein.

9 h 55' für 146 km Windfolter.

## 56 – Mittwoch, 29. August 2007
## Sarny (Ukraine) – Radom (Polen)
## 190 km (7 623)

Gleich an der Grenze. Ein kalter Morgen, eine kalte Nacht. Das Zelt war klitschnass vom Tau. Aber zehn Stunden habe ich geschlafen, nur einmal bin ich aufgewacht.

Heute werde ich zweihundert Kilometer fahren, oder ich will tot umfallen. Ich bin viel leichter als gestern, denn ich konnte mich rasieren! Ich habe mich vorher fotografiert, ohne den klebrigen Filz im Mund, der am Schreien und Spucken hindert, wenn die Strafen sich in den Körper einschreiben. Silberne Barthaare, nie zuvor bemerkt. Hartes Gesicht, eindeutig eine Verbrechervisage. Freud über Dostojevskij: Er hatte einen kriminellen Charakter, schon weil die meisten seiner Figuren Kriminelle waren.

Demnach wäre Shakespeare ein Serienmörder gewesen, deshalb die Lücken in seiner Biographie.

Kein Gegenwind! Das lange Nichts hat ein Ende!
Zehn Griwna habe ich noch, vielleicht bekomme ich an der Grenze einen Borsch.
Angeblich darf man an diesem Grenzübergang als Radfahrer gar nicht einreisen, meinte der ukrainische Offizier an der russischen Grenze. Der Mann wusste offenbar nicht, wie schnell sich in seinem Land die Regeln ändern.
Genau wie erhofft, nichts passiert, ich kann an allen wartenden Autofahrern vorbeifahren, werde rasch kontrolliert, Fragen gibt es keine. Ein letzter Gruß, ein letztes Dankeschön an die Ukraine. Ein Gruß auch in die Ferne an die Wolga. Ihr Nutzpflanzenbesitzer! Ich liebe euch doch alle!

In Polen stehen Schilder am Straßenrand, die klare Auskünfte erteilen. Darunter die sensationelle: Nur noch achthundert Kilometer bis zur deutschen Grenze! Wenn das stimmt, könnte ich in vier Tagen Polen durchqueren. Unbedingt, das schaffe ich. Ich brauche keinen Ruhetag. Dreimal ausgespuckt, und ich bin da. Ich zweifle, ob die Entfernungsangabe richtig ist, aber das Deutschland-D und die Zahl 795 km waren normgerecht in einer Fabrik produziert worden.
Über die erste Bushaltestelle muss ich laut lachen. Die nächste Stadt sieht wie die vorige aus, die nächste Bushaltestelle auch. Die Straßen sehen alle gleich aus, wo sind nur die Schlaglöcher. Keine Ziege im Straßengraben, keine Gänse, Schweine, Hühner, keine weißen Wölfe.

Ich fahre noch immer in Badelatschen. Zwei Paar Strümpfe und Plastiktüten um jeden Fuß schützen auch vor der Kälte. Auf den Reifen ist kaum noch Profil. Egal. Ich habe mich tausend Mal besiegt in den letzten, stürmischen Tagen, jetzt könnte ich das Fahrrad auch bis Berlin tragen.

Kein Wald, also auch kein Platz zum Zelten. Ich fahre im Dunkeln, nicht ohne Risiko. Der Mond scheint aber, es ist bald Mitternacht.

Ich liebe dieses Alleinsein immer mehr. Ich muss mich nicht verhalten, und die kurzen, unverbindlichen Begegnungen zwischendurch entsprechen meinem Naturell. Andererseits habe ich eingesehen, dass »der Mensch gut« ist, dass die weitaus meisten Leute an sich hilfsbereit, freundlich und ehrlich sind, sofern kein Krieg oder Hungersnot oder Ähnliches herrschen.

Irgendein Tier hat sich im Stroh versteckt, wir belauern uns beide. Ein Fuchs wäre schon weggelaufen. Egal, ich schlafe sowieso mit Ohropax in den Ohren, die Straße ist zu nah.

190 km, Fahrzeit: 10 h 57'.


57 – DONNERSTAG, 30. AUGUST 2007
RADOM – PIOTROW TRYBUNALSKI
193 KM (7 816)


Also, mein Lieber, in Berlin wird nicht mehr gejammert! Herzkrank bist du nicht, davon habe ich mich überzeugt. Auch die Lunge erfüllt noch ihre Aufgaben. Zweihundert Kilometer am Tag sind keine schlechte Leistung. Und die Nervenleitgeschwindigkeit muss in Zukunft nicht mehr gemessen werden! Und nicht jeder Pickel deutet auf Hautkrebs hin! Schluss mit den hypochondrischen Anwandlungen und den Herzphobien! Tja, aber wie gewöhne ich mir das Rauchen ab?

Die Strecke meiner Hinfahrt verläuft fünfzig bis achtzig Kilometer weiter südlich.

Jeder Mensch ist ein Erzähler, in der einen oder anderen Weise. Aber über die Kunstform, die alle praktizieren, weiß man am wenigsten.

Ein Erdklümpchen genügt, dem Töpfer die ganze Vase zu zerstören. Und eine falsche Silbe kann eine Romanszene zerstören.

Lyriker behaupten gern, das Gedicht stelle die höchste literarische Form der Konzentration dar. Dramatiker meinen, sie seien die eigentlichen Objektivisten und Intensitäts-Junkies. Aber wie etwas mehr sein kann als der »Ulysses«, hat auch noch keiner erklärt.

Wolfgang Hilbig starb, während ich in der Ukraine war. Die Lebensumstände eines Büchner-Preisträgers, eine Altersrente unter Sozialhilfeniveau. Die Professoren, die sein Werk ausbeuten, reisen mit zwei Assistenten an ausländische Universitäten, um zu dritt einen Vortrag zu halten, nachdem sie sich in einem 5-Sterne-Hotel eine Woche lang darauf vorbereitet haben. Wie heißt es bei Heiner Müller? EKEL EKEL EKEL.

Ach, ich will nicht an Deutschland denken.

Fahrzeit: 10 h 59'.

## 58 – Freitag, 31. August 2007
## Piotrow Trybunalski – Kowalew
## 178 km (8009)

Im Hagelsturm bei Dnepropetrowsk habe ich jedenfalls gelernt, dass es zwecklos ist aufzugeben, denn
dadurch bessert sich nichts. Insofern ist das Schreiben der »Tour de Wolga« vergleichbar. Der Lebens-
wille kann sich leichter behaupten, wenn der Verstand ihm dazu rät. Ein »Belohnungssystem« kann
sich jeder selber schaffen, er muss nur bereit sein, in
der Erwartung auszuharren, wenn es sein muss, so
lange wie Prometheus.

Ich lebe, weil ich schreibe, auch wenn ich häufig
den Wunsch verspüre, ein zweites, schreibloses Leben zu beginnen, etwa als Schachspieler. Der Adler
liebt frische Leber, der Held seinen inneren Frieden.

Das zweifellos Schöne am Schreiben: Ich kann
mich selbst überraschen. Ich schreibe mit offenem
Mund. Ich weiß nicht, was ich im nächsten Moment
schreiben werde, hangle mich vorwärts von Satz zu
Satz, kämpfe, wie Stalin es verlangt, gegen alle Haupt-
feinde gleichzeitig, gegen mein schlechtes Gedächtnis, gegen meine rudimentäre Bildung, gegen meine
Spielsucht, gegen meine Blindheit und Taubheit, und
suche die Lücke, durch die ich entweichen kann in
die Kammern der stärkeren Ichs.

Jubiläum: 8 000 km. Jetzt höre ich nicht mehr *The
End* von The Doors. Denn es hieße, diese Botschaft
zu verschenken.

Fahrzeit: 10 h 44'.

59 – Sonnabend, 1. September 2007
Kowalew – Zielona Góra
200 km (8 209)

Keine Aufzeichnungen, nur gekämpft.
Fahrzeit 12 h 09'.

60 – Sonntag, 2. September 2007
Zielona Góra (Polen) – Berlin
158 km (8 353)

Sechzehn Tage für etwa 2 800 km, ohne Ruhetag. Mit einem normalen Tourenrad, mit dem schweren Gepäck und in Badelatschen! Die »vertracktesten Mechanismen der Selbstzerstörung« können auch positiv genutzt werden, lieber Wolfgang Hilbig!

Ich müsste noch zwei Tage fahren, um bis auf den Gipfel des Mt. Everest zu gelangen. Meine lieben Freunde in Rostov-na-Donu, liebe Marina, ich gelobe euch: Im nächsten Jahr werde ich mein Versprechen halten und achttausendachthundertfünfzig Kilometer fahren als bloß achttausenddreihundert.

Es gab nicht eine einzige Stunde, in der ich diese Fahrt bereut habe. Es gab harte Stunden, auch drei harte Tage – gerade am Mittelpunkt Europas, wo die Stürme Orkanstärke hatten. Der Kampf gegen die Wölfe dauerte nur wenige Sekunden, das war nicht wirklich hart, sondern Glück und der Abrufung alter Reflexe zu verdanken.

Das Radfahren ist die erste Tätigkeit in meinem Leben, die ich ohne Zweifel als sinnvoll empfinde.

Ich wusste doch, es kommt noch etwas! Enthusiastischer Empfang an der deutschen Grenze!

Sonntagmorgen, acht Uhr, Grenzübergang in Guben. Die Sonne scheint. Außer mir will niemand einreisen, es sind keine Autos auf der Straße. Ein polnischer und ein deutscher Uniformierter stehen vor der Schranke in Bereitschaft.

Der Pole sagt nichts, der Deutsche sagt nicht Guten Morgen. Er sagt stattdessen: Sie sind hier falsch!

Ich muss kichern, denn ich wusste ja nicht, dass mich dieser Mensch so gut kennt. Auch er möchte sich also verewigen.

Das dachte ich mir, dass ich hier falsch bin, antworte ich. Aber ich möchte hier trotzdem rein.

Sie sind hier falsch, hier können Sie nicht einreisen!

Wissen Sie, ich bin im Osten über mehrere Grenzen gefahren, aber so etwas hat mir dort niemand gesagt, antworte ich.

Auf dem Fußgängerweg dürfen Sie einreisen, meint er.

Er zeigt auf den Fußgängerweg. Der ist einige Meter neben uns, hinter einer Kette. Aber bevor ich diesen Weg betreten darf, soll ich mit dem Fahrrad zurückfahren, etwa zweihundert Meter. Dann soll ich hinter einem Einfamilienhaus links abbiegen, dann auf den Fußgänger-Fahrrad-Weg.

Mir brummt der Schädel. Statt Blumen Belehrungen.

Sie müssen zurückfahren, dann können Sie hinter den Häusern einbiegen!, wiederholt er. Hier ist nur die Durchfahrt für Autos, ich habe mir diese Vorschrift nicht ausgedacht, beteuert er.

Ich könnte vielleicht auch hier über die Straße gehen, ohne einen halben Kilometer zurückzufahren?, frage ich.

Ich habe mir diese Vorschrift wirklich nicht ausgedacht, sagt er. Aber gehen Sie, machen wir eine Ausnahme! Sie können die Kette hochheben oder Ihr Fahrrad drüberheben, wenn Sie das schaffen!

Ein logisch denkender Mensch. Für einen Auftritt im Zirkus reichen seine Talente jedoch nicht.

Die Deutschen waren kein Reitervolk, das merkt man bis heute. Mit einem Schuss Kosakenblut in den Adern wird man niemals ein Paragraphenhengst. Ich habe endlich verstanden, dass ich aus der Steppe komme.

An der Tankstelle treffe ich einen Mann, der sein Auto in die Waschanlage gebracht hat. Kaum hört er, dass ich aus Russland komme, redet er sich in

Begeisterung. Er hat als »Koordinator beim Jobcenter« Wolgadeutsche betreut, daher seine Vorkenntnisse.

Eine herzliche Mentalität haben diese Leute!, ruft er mit feuchten Augen. Aber ich sage Ihnen, wenn die sich einmal mit russischem Blut vermischt haben, saufen sie!

Der dritte Deutsche, mit dem ich mich unterhalte, trägt wieder eine Uniform. Seit neunzig Minuten warte ich am S-Bahnhof Berlin-Adlershof auf den Fahrradbus, der mehrmals angekündigt wurde, aber bisher nicht kam. Es ist Schienenersatzverkehr, ich wollte mir das Gestrampel durch Berlin sparen. Der Mann, der sonst nichts zu tun hat, möchte mich trösten.

Auch ich bin von Vorschriften abhängig, erklärt er. Ich darf den Frauen mit Kinderwagen nicht helfen!

Es klingt ziemlich stolz, wie er das sagt.

Sein Finger an der Stirn besagt: Nur Bekloppte hier! Sogar ich mache bekloppte Arbeit!

Wenn ich einen Kinderwagen trage und wenn dann das Kind herausfällt, ersetzt keine Versicherung den Schaden, ich könnte sogar ins Gefängnis kommen! Und so ist es mit Ihrem Fahrrad auch! Wenn Ihr Fahrrad umfällt und einen Kinderwagen trifft und das Kind verletzt wird, muss der Busfahrer zahlen und dann kommt der ins Gefängnis! Deshalb darf Sie nur der Fahrradbus mitnehmen, dessen Fahrer ist versichert, auch wenn Ihr Fahrrad dort in einen Kinderwagen fällt.

Das stimmt, sage ich, das kann alles passieren und das muss man alles beachten. Wie lange arbeiten Sie schon auf dem Bahnhof?

Acht Jahre.

Und Sie haben noch nie einen Kinderwagen getragen?

Noch nie. Das darf ich nicht. Aber ich kann Ihnen eine Telefonnummer geben, unter der Sie sich beschweren können. Die Politiker haben Schuld!, ruft er.

Ich liebe meine Heimat.